섬주민,
공간을 기획하다

섬주민,
공간을 기획하다

초판 1쇄 인쇄 2024년 11월 18일
초판 1쇄 발행 2024년 12월 2일

—

기   획 한국국학진흥원
지은이 김경옥
펴낸이 이방원

책임편집 이희도   **책임디자인** 양혜진
마케팅 최성수·김 준   **경영지원** 이병은

—

펴낸곳 세창출판사
　　　　신고번호 제1990-000013호 **주소** 03736 서울특별시 서대문구 경기대로 58 경기빌딩 602호
　　　　전화 02-723-8660 **팩스** 02-720-4579 **이메일** edit@sechangpub.co.kr **홈페이지** http://www.sechangpub.co.kr
　　　　블로그 blog.naver.com/scpc1992 **페이스북** fb.me/Sechangofficial **인스타그램** @sechang_official

—

ISBN 979-11-6684-376-1 94910
　　　　979-11-6684-164-4 (세트)

한국국학진흥원 전통생활사총서 33

섬주민,
공간을 기획하다

김경옥 지음
한국국학진흥원 기획

세창출판사

    한국국학진흥원에서는 2022년부터 문화체육관광부의 지원으로 전통생활사총서 사업을 기획하였다. 매년 생활사 전문 연구진 20명을 섭외하여 총서를 간행하기로 했다. 지난해에 20종의 총서를 처음으로 선보였다. 전통시대의 생활문화를 대중에 널리 알리기 위한 여정은 계속되어 올해도 20권의 총서를 발간하였다.

    한국국학진흥원은 국내에서 가장 많은 약 65만 점에 이르는 민간기록물을 소장하고 있는 기관이다. 대표적인 민간기록물로 일기와 고문서가 있다. 일기는 당시 사람들의 일상을 세밀하게 이해할 수 있는 생활사의 핵심 자료이고, 고문서는 당시 사람들의 경제 활동이나 공동체 운영 등 사회경제상을 이해할 수 있는 자료이다.

    한국의 역사는 '조선왕조실록'이나 '승정원일기'와 같이 세계적으로 자랑할 만한 국가기록물의 존재로 인해 중앙을 중심으로 이해되어 왔다. 반면 민간의 일상생활에 대한 이해나 연구는 관심을 덜 받았다. 다행히 한국국학진흥원은 일찍부터 민간에 소장되어 소실 위기에 처한 자료들을 수집하고 보존처리를 통해 관리해 왔다. 또한 이들 자료를 번역하고 연구하여 대중에 공개했다. 이러한 민간기록물을 활용하고 일반에 기여할 수 있는 방법으로 '전통시대 생활상'을 대중서로 집필하여 생생하게 재현하여 전달하고자 했다. 일반인이 쉽게 읽을 수 있는 교양학술총서를 간행한 이유이다.

총서 간행을 위해 일찍부터 생활사의 세부 주제를 발굴하는 전문가 자문회의를 개최하고, 전통시대 한국의 생활문화를 가장 잘 구현할 수 있는 핵심 키워드를 선정하였다. 전통생활사 분류는 인간의 생활을 규정하는 기본 분류인 정치, 경제, 사회, 문화로 지정하였다. 이를 기반으로 매년 각 분야에서 핵심적인 키워드를 선정하여 집필 주제를 정했다. 이번 총서의 키워드는 정치는 '과거 준비와 풍광', 경제는 '국가경제와 민생', 사회는 '소외된 사람들의 삶', 문화는 '교육과 전승'이다.

각 분야마다 5명의 집필진을 해당 어젠다의 전공자로 구성하였다. 어디서나 간단히 들고 다니며 쉽게 읽을 수 있도록 최대한 이야기체 형식으로 서술해 달라고 부탁하였다. 다양한 사례의 풍부한 제시와 전문연구자의 시각이 담겨 있어 전문성도 담보할 수 있는 것이 본 총서의 매력이다.

전문적인 서술로 대중을 만족시키기는 매우 어렵다. 원고

의뢰 이후 5월과 8월에는 각 분야의 전공자를 토론자로 초청하여 2차례의 포럼을 진행하였다. 11월에는 완성된 초고를 바탕으로 1박 2일에 걸친 대규모 학술대회를 개최하였다. 포럼과 학술대회를 바탕으로 원고의 방향과 내용을 점검하는 시간을 가졌다. 원고 수합 이후에는 각 책마다 전문가 3인의 심사의견을 받았다. 2024년에는 출판사를 선정하여 수차례의 교정과 교열을 진행했다. 책이 나오기까지 꼬박 2년의 기간이었다. 짧다면 짧은 기간이다. 그러나 2년의 응축된 시간 동안 꾸준히 검토 과정을 거쳤고, 토론과 교정을 통해 원고의 완성도를 높이기 위해 분주히 노력했다.

전통생활사총서는 국내에서 간행하는 생활사총서로는 가장 방대한 규모이다. 국내에서 전통생활사를 연구하는 학자 대부분을 포함하였다. 2023년도 한 해의 관계자만 연인원 132명에 달하는 명실공히 국내 최대 규모의 생활사 프로젝트이다.

1990년대 이후 폭발적으로 증가했던 일상생활사와 미시사 연구에 대한 학계의 관심이 근래에는 소홀해진 상황이다. 본 총서의 발간이 생활사 연구에 활력을 불어넣는 계기가 되기를 기대한다. 연구의 활성화는 연구자의 양적 증가로 이어지고, 연구의 질적 향상 또한 이끌 것이다. 그렇게 된다면 전통문화에 대한 대중들의 관심 역시 증가할 것으로 기대한다.

본 총서는 한국국학진흥원의 연구 역량을 집적하고 이를 대중에게 소개하기 위해 기획된 대표적인 사업의 하나이다. 참여한 연구자의 대다수가 전통시대 전공자이며 앞으로 수년간 지속적인 간행을 준비하고 있다. 올해에도 20명의 새로운 집필자가 각 어젠다를 중심으로 집필에 들어갔고, 내년에 또 20권의 책이 간행될 예정이다. 앞으로 계획된 총서만 100권에 달하며, 여건이 허락되는 한 지속할 예정이다.

대규모 생활사총서 사업을 지원해 준 문화체육관광부에 감사하며, 본 기획이 가능하게 된 것은 한국국학진흥원에 자료를 기탁해 준 분들 덕분이다. 다시 감사드린다. 아울러 총서 간행에 참여한 집필자, 토론자, 자문위원 등 연구자분들께도 감사인사를 전한다. 책의 편집을 책임진 세창출판사에도 감사드린다. 이 모든 과정은 한국국학진흥원 여러 구성원의 노력이 있었기에 가능했다.

2024년 11월
한국국학진흥원 인문융합본부

차례

　섬은 바다에 있는 육지다. 전근대 내륙지역 사람들이 섬으로 하나둘 모여들었다. 초창기 도서 이주민들은 포구 주변에 머물렀다. 실제 필자가 섬 답사에서 오래된 마을을 추적해 본 결과 대부분 포구에서 이야기가 시작되고 있었다. 또 포구는 해당 섬에서 생산하는 산물에 따라 쇠퇴하기도 하고, 새로운 중심지로 부각되기도 했다. 왜냐하면 바다에서 채취한 산물을 육지로 옮길 때 인접한 포구를 이용할 수밖에 없기 때문이다. 흥미로운 것은 포구의 이동은 단순히 물산의 집산지 변동에 그치지 않고, 해당 섬의 면 소재지를 이동시키는 요인으로 작동했다. 따라서 포구는 해당 섬의 역사와 문화를 읽어내는 핵심 키워드 중의 하나다.

　섬 이야기는 입도조入島祖로부터 시작된다. 입도조란 그 섬에 가장 먼저 이주한 직계 선조를 지칭한다. 대체로 입도조에 대한 정보는 누가, 언제, 어디에 처음 정착했는지 구술로 전해오기도 하고, 그 섬에 무덤이 봉안되어 있기도 하다. 이를 통해 그들이 왜 섬으로 이주했는지, 그 섬에서 어떻게 살아왔는지 등을 전해 준다. 일례로 전라도 장흥의 부속도서인 금당도 주민들에게 입도조에 대해 질문해 보면 그들은 조금도 망설이지 않고 "서송강이徐宋姜李"라고 답한다. 즉 서씨는 육동, 송씨는 삼산마을과 신흥마을, 강씨는 차우리와 봉동리, 이씨는 가학마을에 각각 정착한 것으로 전해 오고 있기 때문이다. 이런 까닭에 자신이 입도조의 몇 세손인지 구체적으로 파악하고 있었다. 예컨대 "입도조는 나의 15대조입니다"라고 한다면, 1대를 30년으로 환산할 경우 약 450년 전 섬에서 거주했던 인물로 추산된다. 이러한 정보를 토대로 성씨별 『족보』를 열람하여 섬사람들의 이야기를 재구성해 오고 있다.

이 책은 3부로 구성되었다. 1부는 섬의 공간이다. 키워드는 토지, 소나무-밭[松田], 목장, 어장, 수군진 등이다. 섬은 바다에 있는 산이다. 그 산의 7부 능선을 기준으로, 위에는 소나무를 가꾸고, 아래에 목장을 설치했다. 섬사람들은 그 여백의 산록과 해안, 바다에서 삶의 터전을 마련했다. 그리고 섬마을의 인구와 세금, 토지와 어장, 송전과 목장 등을 총괄 관리했던 조직이 수군진이다. 해양 방비를 목적으로 섬에 파견되었던 수군이 말단 행정기구로 기능했다. 2부는 그 섬으로 이주하여 정착한 사람들의 이야기다. 사람들이 언제 그 섬에 정착했는지, 또 직계 후손들은 섬의 어디로 분파했는가를 추적했다. 여기에 조선시대 섬에서 살았던 사람들의 목소리를 담았다. 조선 정조 때 소위 민권운동가라 불렸던 흑산도 사람 김이수가 정조 임금을 만난 사연, 한양 출신 노수신이 30대에 진도로 유배되어 50대에 해배된 사연, 홍어장수 문순득이 바다에서 조난되어 동아시아에서 경험했던 표류 이야기 등을 담았다. 3부는 섬 문화의 다양성과 오래된 미래를 담았다. 왜 '웃섬'이라 불렀을까? 왜 '학교염전'이라 했을까? 왜 초분草墳으로 장례를 모셨을까? 섬마을 공동체가 장기 지속하는 원동력은 무엇일까? 섬이 색을 입으면 어떻게 될까? 등 근현대 변화의 섬을 서술했다.

섬 이야기의 시점은 전근대에서 근현대로 전개했다. 연구 대상 지역은 전라도 서남해역으로, 조선시대 섬을 대표했던 진도군珍島郡, 오늘날 '1004섬'이라 애칭하는 나주목羅州牧의 부속도서, 19세기 말에 비로소 독립된 군읍郡邑을 설치한 완도군과 돌산군의 부속도서이다. 분석 자료는 전근대 중앙에서 편찬한 관찬사료를 토대로 하고, 여기에 필자가 섬 답사에서 수집한 고문서와 구술자료를 보탰다. 예컨대 우이도 사람 김이수가 섬지방 세금문제를 상급관청에 이의 제기하여 발급받은 『절목節目』, 강진현 청산도 읍리에 전해 오는 『청산진병자호적대장靑山鎭丙子戶籍臺帳』, 장흥 노력도 주민들의 마을문서인 『대동계大同契』, 진도 송산리 사람들이 조직한 『학계學契』, 한양 출신 노수신의 진도 유배생활을 기록한 『문집』, 홍어 장수 문순득의 『표해시말』 등이다.

이 책에 수록된 섬 이야기는 전근대 '기록 속의 섬'을 정리하고, 여기에 근·현대 섬주민들에게 전해 오는 '옛 문서와 구술자료', 그리고 21세기 섬마을에 전승되고 있는 '유·무형의 문화유산'을 통해 서술했다. 최근 섬은 연육·연도교 건설, 인구 감소, 기후 위기 등으로 인해 급격히 바뀌고 있다. 이러한 변화의 물결을 우리는 어떻게 수용하고 활용할 것인가? 섬의 공간·사람·문화를 장기지속시키는 방안은 무엇인가를 함께 모색하고자 한다.

이 책의 초고는 이정아·주희빈(국립목포대학교 대학원 석사과정 도서해양문화학 전공) 등이 먼저 읽고 질문했다. 초고의 어색함이 많이 수정되었다. 섬 이야기를 기획할 당시 나의 그녀가 여행을 떠났다. 이 책이 안부 인사를 대신 전해 주면 참 좋겠다.

1

섬의 공간

섬에서 토지는 어떻게 만들어졌을까?

　토지는 섬사람들에게 생명줄이다. 그러나 섬에서 토지를 마련하는 일은 쉽지 않다. 물론 하늘이 내려준 문전옥답이 있긴 하지만, 그 규모가 작다. 그나마 태풍이 섬을 통과할 경우 순간 몽니답으로 변하여 한 해 농사를 망친다. 그럼에도 불구하고 내륙의 땅에서 밀려난 사람들은 토지를 찾아 섬으로 이주했다. 토지는 육지 사람들을 섬으로 불러들이는 원동력이었다. 이제 섬에서 토지가 어떻게 만들어지는지 그 과정을 살펴보자.

돌산도, 개간을 허許하다

섬에서 토지는 황무지 개간으로 만들어졌다. 여말선초 중앙 정부는 섬에서 주민 거주를 금했다.[1] 사람이 살지 않는 섬은 황무지로 변해 갔다. 섬에서 토지는 황무지를 개간하여 만들어졌다. 조선 초기 개간의 주체는 정부였다. 중앙정부는 수군의 식량을 현지에서 조달할 목적으로, 섬에서 개간을 허용해 주었다. 1477년(성종 8)에 우부승지 성준成俊이 이르기를, "순천 돌산도는 비옥하여 농사를 지을 만하고, 만일 왜적이 침입할 경우 백성이 피난 갈 수 있으니, 섬주민들에게 농사를 지을 수 있도록 허용함이 어떻겠습니까?"[2]라고 제안했다. 당시 조선 정부의 도서 정책은 "도서 거주 금지령"을 선포한 상태였다. 왜냐하면 여말선초 이래로 왜구가 우리나라 해안에 출몰하여 섬주민들을 약탈했기 때문이다. 이러한 시절에 우부승지 성준이 섬에서의 개간을 허용하자고 건의한 것이다. 이에 성종은 "왜변이 발생하고 있지만, 돌산도를 개간할 경우 그 이익이 무궁하다. 왜선을 핑계 삼아 언제까지 경작을 금할 것인가?"라고 하면서 돌산도 개간을 허용해 주었다. 그 결과 조선 성종 때 돌산도에 개간지가 조성되었고, 중종 때 돌산도 개간지의 소출량이 1천여 석에 달했다.[3] 이렇듯 섬에서 개간지 조성은 중앙정부의 도서정책을 바꾸는 계기가 되었다.

섬에서 개간은 도서 이주민들에 의해서도 추진되었다. 1720년 (경종 1)에 좌부승지 김재노金在魯가 이르기를 "전라도 장흥의 평일도·산일도·내덕도·득량도 등지가 명빈방明嬪房의 절수지이다. 근 100여 년 전에 4섬 주민들이 힘을 모아 개간지를 만들었는데, 이 민전을 궁방이 빼앗아 갔다고 합니다"라고 보고했다.[4] 이 사건에서 2가지 정보를 확인할 수 있다. 하나는 장흥의 부속도서 주민들이 섬에서 개간지를 조성한 시기가 근 100여 년 전인 1620년경으로 추산되는 점이고, 다른 하나는 섬주민들이 공동의 노력으로 만든 개간지를 왕실 사람들이 빼앗은 점이다. 즉 17세기 초에 섬주민들이 개간한 토지를 18세기에 왕실 세력들이 점탈한 사건이다. 이 사건이 어떻게 해결되었는지 정확히 알 수는 없지만, 분명한 것은 17세기 초에 전라도 장흥지방 부속도서 주민들이 섬에서 개간지를 조성했다는 점이다.

청산도, 구들장으로 논을 만들다

전근대 강진현 청산도 주민들은 산록에 구들장을 이용하여 논을 만들어 사용했다. 이름하여 '구들장-논'이다. 청산도에 관한 정보는 조선 숙종 때 병조판서 민유중의 보고에서 확인된다.

1681년(숙종 7)에 민유중이 이르기를, "청산도는 토지가 비옥하고 백성이 많아 통제사 이순신과 명나라 장수 진린陳璘이 군사들과 함께 주둔했던 곳입니다"라고 했다.[5] 즉 임진왜란 때 조명연합군이 청산도에서 주둔한 바 있는데, 당시 청산도에 비옥한 토지가 분포했다는 점이 주목된다.

그렇다면 청산도의 토지는 섬의 어디에 어떤 형태로 분포했을까? 청산도 도청항에서 하선하여 길을 따라 걷다 보면 초입에 도락리가 갯가에 엎드려 있고, 조금 더 섬 안으로 들어서면 당리와 읍리가 마치 한 마을처럼 포개져 있다. 실록에 의하면, 조선 숙종 때 당리에 수군 만호진이 설치된 것으로 확인되고, 읍리는 19세기에 완도군이 신설될 때까지 인근 부속도서의 행정을 담당한 것으로 보인다.[6] 바로 읍리와 당리 일대에 소위 문전옥답이 분포한 것으로 추정된다.

그런데 읍리와 당리의 문전옥답 이외에 청산도 섬 전역에 분포하고 있는 토지가 구들장-논이다. 구들장-논은 문자 그대로 '구들장으로 만든 논'을 지칭한다. 청산도 구들장보존협의회에 따르면, 현전하는 구들장-논은 청산도 대봉산(378.8m)을 중심으로 그 산록에 있는 부흥리(28개소), 상서리(27개소), 양지리(21개소), 청계리(4개소), 도청리(5개소), 지리(2개소), 권덕리(1개소), 그리고 청산도의 부속도서인 대모도(19개소)에서 구들장-논이 분

그림 1 청산도 대봉산 산록의 구들장-논

청산도에서 가장 높은 대봉산 자락에 구들장-논이 집중적으로 분포한다. 구들장-논은 경사진 산록에 온돌을 깔아 평지를 만든 다음, 그 위에 진흙과 돌로 층위를 이루고, 맨 위에 어른 주먹 크기의 좋은 흙을 올려 만들었다. 구들장-논은 오직 하늘에서 내려 주는 천수天水를 기반으로 한 자연 배수방식으로 농사를 지었다

포한 것으로 확인된다. 다음 【그림 1】은 청산도 대봉산 자락에 있는 구들장-논의 모습이다. 【그림 1】에서 보듯이, 청산도 구들장-논은 대봉산의 산록에 분포한다. 청산도 주민의 구술을 토대로 구들장-논의 단면을 그려보면 다음 【그림 2】와 같다. 【그림 2】의 구들장-논의 단면을 살펴보면, 맨 아래에 농경수가 배출되는 수구가 있고, 그 위에 구들장(일명 큰-돌)을 놓아 평편한 층위를 만든다. 구들장 위에 큰-돌과 작은-돌, 진흙 등으로 틈새를 채운다. 그다음 인근 산에서 가져온 흙을 올려 논을 완성한다. 21세기 구들장-논은 오직 사람의 힘으로 농사일을 한

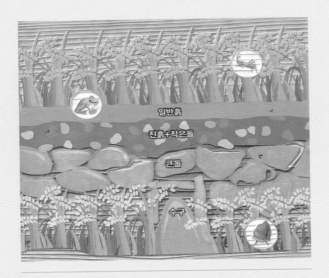

일반흙

진흙+작은돌

큰돌

수구

그림 2 구들장-논의 단면도(청산도 부흥리 구들장논 안내도)

그림 3 구들장-논의 수구水口

어른 1명이 통과할 수 있는 크기다. 수구는 구들장-논의 농경수를 자연 배수시키는 장치다

그림 4 구들장-논의 측면

구들장-논의 측면 높이는 일정하지 않지만, 약 200m 전후로 추산된다. 그 위에 자동차 1대를 주차할 만큼의 농경지가 있다. 이 땅을 만들기 위해 섬사람은 구들장, 큰-돌과 작은-돌, 진흙과 좋은 흙을 짊어지고 수없이 산록을 올라다녔을 것이다

다. 왜냐하면 구들장의 흙을 호미로 긁어 보면 작은 돌이 걸려 나오기 때문이다. 구들장-논의 핵심은 맨 밑에 설치되어 있는 수구다. 수구란 하늘이 내려 준 빗물이 흘러 구들장-논을 적시고, 그 물이 배출되는 관개시설이다. 섬에서 농경수는 곧 생명수인데, 구들장-논의 수구는 척박한 환경에서 오직 하늘에 의지하여 농사를 지었던 섬사람들의 지혜의 산물이라 여겨진다.[7]

안좌도, 바닷가에 간척지를 만들다

전근대 섬에서 토지는 간척에 의해서도 만들어졌다. 실록에 의하면, 15세기 간척지에서 농사를 짓고 입안立案(관아에서 발급해 준 증명서)에 등록한 기사가 확인된다.[8] 그러나 간척지를 언제, 어떤 방법으로 만들었는가에 대한 정보는 자세하지 않다.

그런데 최근 필자는 근대 섬주민들이 작성한 간척문서를 접

그림 5 『전진언계책』 고광민 제공

이 자료는 1889년부터 1907년까지 언계의 금전 출납을 정리해 놓은 계책이다

하게 되면서 그 실체를 확인할 수 있었다. 전근대 섬에서 간척지는 바닷가에 제방을 쌓아 만들어졌다. 점차 간척의 규모와 기술이 발달하면서 섬주민 전원이 공공울력에 동원되어 대규모 간척지를 조성하기에 이르렀다. 이에 해당하는 사례가 신안군 안좌도 전진언前津堰에서 확인된다.

안좌도는 전근대 관찬자료에서 전혀 검색되지 않는 섬이다. 근·현대 간척으로 인해 새로운 공간이 조성되면서 지명을 얻게 된 섬이기 때문이다. 안좌도 해역에는 본래 안창도安昌島와 기좌도其佐島라는 2개의 섬이 입지했다. 그런데 20세기 초에 안창도와 기좌도 인근 갯벌이 매립되어 한 개의 섬이 되었다. 이때 양섬의 지명을 한 글자씩 따서 '안좌도'로 개칭되었다.

전근대 안창도와 기좌도는 어떤 섬이었을까? 조선왕조실록에서 안창도와 기좌도를 검색해 보면 총 4건의 기사가 확인된다. 그 첫 번째 기사는 '1448년(세종 30) 섬에 소나무밭이 설치되었다'라는 정보이고,[9] 두 번째 기사는 1470년(성종 1) 사복시에서 '목마 354필을 양 섬에 방목한 사실'이 확인된다.[10] 세 번째 기사는 1711년(숙종 37)에 '안창도와 기좌도의 토지가 왕자 이훤李昍(1699-1719)의 사저인 연령궁延齡宮에 편제되었다'는 정보다.[11] 마지막으로 네 번째 기사는 1886년(고종 23) 의정부의 보고에 "지난해 두 섬주민들이 전세田稅를 쌀과 콩으로 납부하고, 대동미는

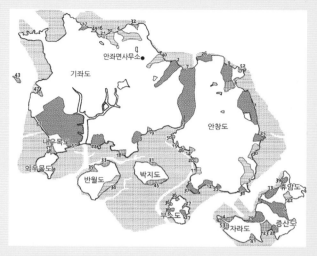

그림 6 19-20세기 안좌도 간척지 분포도

전근대의 기좌도와 안창도가 간척으로 인해 한 개의 섬이 되어 각각 한 글자씩 따서 안좌도라 불렀다. 숫자는 제방을 표기한 것이다 40번이 전진언이다

돈으로 대납했다"라는 기록이다.

이를 종합해 보면, 조선 전기에 안창도와 기좌도에 송전과 목장이 설치되었고, 조선 후기에는 토지세를 납부하는 섬으로 변경된 사실이 확인된다. 이러한 안창도와 기좌도에서 토지 간척이 집중적으로 이루어진 것은 19-20세기로 추정된다. 그 내용을 안좌도 전진언前津堰 제방문서를 통해 재구성해 보자.

조선시대의 안창도와 기좌도가 간척으로 인해 한 개의 섬으로 통합되어 안좌도로 개칭되었다. 도면에 표기된 사선과 마름모는 제방과 간척지를 표기한 것이다. 이 가운데 40번이 읍동

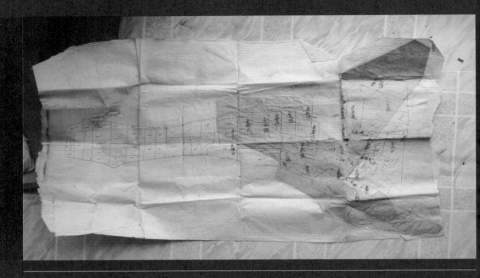

그림7 안좌도 읍동 사람들의 개인 제방과 전답, 고광민 제공
전근대 섬사람들은 개인의 능력에 따라 제방을 쌓아 간척지를 만들었다

의 전진언이다. 또 지도 하단에 표기된 반월도와 박지도는 오늘
날 '퍼플섬'으로 불리는 섬이다.

전진언은 '안좌도 읍동 포구 앞에 있는 제방'을 지칭한다. 그
래서 한자로 '앞전前', '나루터-진津', 제방언堰을 사용하여 전진
언이라 칭한다. 전근대 읍동 사람들은 예로부터 바닷가에 소규
모 제방을 쌓아 간척지를 만들었다. 이것을 섬주민들은 '똠'이
라 불렀다. 똠은 개인의 노동력으로 만들었기 때문에 그 규모가
작고, 입지도 제각각이다. 마치 헝겊 조각으로 만든 밥상보를

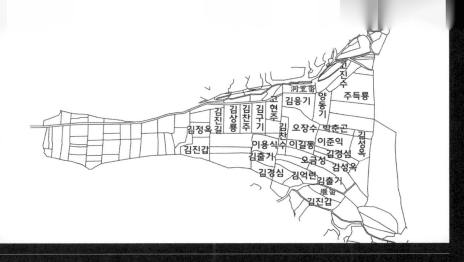

연상케 한다.

안좌도 읍동 사람들의 간척지에 관한 정보는 현전하는 『전
진언계책』에서 확인된다. 이 계책은 1889년부터 1907년까지 제
방 운영에 관한 금전출납부인데, 세입의 경우 전년도 이월금과
금년도 소작료에 관한 정보를 기재하고, 세출은 토지세와 임야
세, 전진언 수문 수리비와 목수의 수고비, 수문 보수를 위한 판
자 대금, 총회 때 계원들의 식사비 등이 기록되어 있다.

전근대 전진언 계원들이 만든 개인 소유의 제방과 간척지의 형태는 위의 【그림 7】과 【그림 8】에서 확인된다. 그런데 흥미로운 것은 【그림 8】에 기재되어 있는 '동리답洞里畓'과 '언답堰畓'의 기능이다. 동리답과 언답의 용도는 전진언의 제방과 농경수를 관리하기 위한 안전장치였다. 이를 위해 전진언 계원들은 제방 관리책임자로 보주保主를 채용하고, 농경수 관리자인 수구水口를 임용했다. 그리고 보주와 수구의 인건비는 동리답과 언답의 소출로 지급했다. 즉 안좌도 읍동 전진언의 동리답과 언답은 섬 마을 공동체의 공유재로 기능하고 있었다. 보주와 수구는 제방과 농경수 관리를 통해 섬생활을 유지할 수 있었고, 읍동 주민들은 보주와 수구에게 제방관리를 일임함으로써 안전하게 전답을 운영할 수 있었던 것이다. 이를 위해 섬사람들은 동리답과 언답을 마련하여 공동체의 공유자원으로 활용하고 있었다. 간척지의 장기지속을 위한 섬사람들의 지혜가 돋보인다.

맹춘에 소나무를 심다

맹춘孟春, 1월의 이칭으로, '초봄'을 뜻한다. 새해가 열리면, 지방 수령은 가장 먼저 어린 소나무를 심었다. 1407년(태종 7) 4월 7일, 태종이 각도 지방관에게 '소나무가 잘 자랄 수 있도록 산불과 벌목을 금하고, 매년 정월에 소나무를 심도록 하라'고 명했다.[12] 그런데 21세기에 제작된 영화 〈자산어보〉를 보면, 정약전이 치송稚松을 뽑고 있는 가거댁에게 그 이유를 묻자, '이것이 없어야 백성이 산다'고 응대한다. 새해의 시작과 함께 나무 심기를 수행하는 수령과 굳이 구부리고 앉아 어린 소나무를 뽑고 있는 섬주민의 무심함이 상당히 대조적이다. 왜 지방관은 소나무를 심고, 백성은 뽑아서 버렸을까? 역사와 픽션의 아이러니를 살펴보자.

소나무-밭(松田)가꾸기

조선시대 국가의 산림정책은 "산림천택여민공지山林川澤與民共之"를 표방했다. 즉 '산과 숲, 내와 못에서 나오는 모든 이익은 백성과 함께 공유함'을 원칙으로 삼았다. 이를 위해 백성이 지켜야 할 요건은 '공유'를 기반으로 하고, '개인적으로 사유하지 않겠다'는 약속이었다. 특히 산림정책 가운데 정부와 백성이 가장 중시했던 것은 소나무였다. 정부는 소나무밭 관리 및 감독을 위한 '송정松政'을 전국에 선포하고 국가 주도로 관리했다.

그런데 조선시대 소나무는 왜 국가와 백성이 모두 중시했을까? 우리나라 사람들이 가장 좋아하는 나무이기 때문일까? 아니면 저마다 고유의 개성을 갖고 있는 강한 생명력 때문일까? 그도 아니면 눈보라 속에서 푸르게 피어나는 절개와 지조의 상징으로 인식했기 때문일까? 이러한 요인 가운데 어느 것 하나 부정할 수는 없을 것 같다. 그럼에도 불구하고 가장 중요한 요건은 아마도 소나무 목재의 용도 때문이라 여겨진다. 조선시대의 소나무는 전선과 병선, 세곡선 등 선박을 건조하는 데 주로 사용되거나 관아와 궁궐 등 건축용 목재로 사용되었다. 또 소나무는 왕실 장례 때 사용하는 관곽용으로 선호했으며, 화력이 좋아서 청자와 도자기 제작용 땔감으로 사용했으며, 갯벌에서 간척지를 만들 때 제방 건설용으로 활용되었다. 이외에도 소나무 껍질을 '백피白皮'라 칭하는데 송기떡을 만들어 먹기도 하고, 솔잎은 갈아서 보릿고개를 넘어가는 식용작물로 활용했으며, 송홧가루는 『동의보감』에 약재로 사용했다고 전해 온다. 이런 까닭에 소나무는 국가에서 체계적으로 관리하고, 해당 지방관은 소나무 묘목을 가꾸는 데 주력했던 것이다.

　조선 세종은 전국에 소나무밭 조성 계획을 수립했다. 이를 위해 전국의 수령에게 소나무밭 후보지를 조사하여 보고하도록 했다. 그 결과 전라도의 경우 흥양(현 고흥) 19개소, 나주 11개소, 영광 7개소, 강진 6개소, 순천 5개소, 해남 4개소, 영암·장흥·진도·함평 3개소, 낙안 2개소, 광양·무안 1개소 등 총 68개소가 소나무밭 조성 후보지로 보고되었다. 이 가운데 동부에 입지한 흥양의 경우를 살펴보면, 송곶松串, 주포곶舟浦串, 우두곶牛頭串, 망지곶望智串, 황산곶荒山串, 장암곶場巖串, 박길곶朴吉串, 사포곶蛇浦串, 소흘라곶所訖羅串, 성두곶城頭串, 가라포加羅浦, 이로도伊老島, 협도俠島, 정도井島, 주도酒島, 경죽도頃竹島, 개도介島, 기화도其火島, 재산도災山島 등 내륙 연안에 10개소, 포구 1개소, 섬 8개소 등이 보고되었다. 또 서부에 입지한 나주의 경우 다리도, 비시도(현 비금도), 도초도, 암태도, 안창도(현 안좌도), 기좌도(현 안좌도), 자은도, 팔이도(현 팔금도), 하의도, 이시도, 송도 등 11개소 모두 섬이 지목되었다.[13]

이와 같이 15세기 소나무밭 조성을 위한 후보지는 바닷가 연안에 입지한 곶과 포구, 섬이 송전 설치에 가장 적합한 곳으로 파악되었다. 실제 전라도 서남해역에 입지한 소나무밭 가운데 완도는 조선시대 전 기간에 걸쳐 최고의 송전으로 평가받았고,[14] 나주의 안창도·자은도·기좌도, 영광의 고이도, 영암의 보길도 등지는 19세기까지 중앙에 선재목을 상납했으며,[15] 순천의 금오도는 황장목을 조달했다.[16] 또 영암의 노도는 궁가의 제택을 건립하는 데 필요한 목재를 제공했으며,[17] 강진의 청산도와 고금도는 한말까지 인근 부속도서 주민들의 생계를 꾸릴 만큼 숲이 무성했다.[18]

이런 까닭에 송전의 소나무는 문서 대장에 일일이 올려놓고 관리했다. 그래서 지방관이 관아를 보수하거나 바닷가에 제방을 건설할 때 목재 벌목에 관한 공문을 접수하고, 국가의 승인을 받은 연후에 비로소 목재를 채취할 수 있었다. 또 송전 인근 지역 주민들의 경우 소나무 가지가 늘어서 있는 곳에서 농사를 지을 수 없었다. 행여 농사를 핑계 삼아 솔가지 하나라도 꺾어가는 것을 미연에 방지하기 위한 조처였다.

송전을 봉산으로 전환

17세기로 접어들면 동아시아의 정세가 급변했다. 명나라가 농민반란으로 인해 재정위기를 맞았고, 여진족을 통합한 청나라가 1627년과 1636년 두 차례에 걸쳐 조선을 침략했다. 이에 조선의 왕실은 강화도로 피난을 갔고, 국왕 인조는 남한산성에서 항전을 했으나, 결국 삼전도에서 굴욕을 당하고 전쟁이 끝났다. 이 과정에서 조선의 금산정책이 급격히 붕괴되었다. 전쟁으로 인해 산림이 파괴되고, 전후 복구과정에서 목재를 남벌했으며, 산림에 대한 사적 점유가 확대되었다. 여기에 전국적으로 유이민들의 화전火田이 성행했다. 결국 조선의 산림제도에 대한 재정비가 단행되었다.

17세기 중엽 조선 정부는 전국의 임야에 백성들의 출입을 금하는 금산정책禁山政策을 강화했다. 또한 15세기 전국에 설치되었던 송전을 봉산으로 전환했다. 송전과 봉산은 모두 '소나무밭'을 지칭하고, '벌채를 금지한 산'이라는 의미에서 차이는 없다. 그러나 봉산의 경우 국가 차원에서 목재 수급에 대해 세분하고, 그에 따른 상세 규정을 마련하여 통제했다. 봉산의 종류는 왕실의 관곽용 목재 조달을 위한 황장봉산黃腸封山, 왕실의 신주 봉안을 위한 율목봉산栗木封山, 능묘 제사 때 향香을 제공하기 위한 향탄봉산香炭封山, 전선·병선·세곡선 등 선박 건조를 위한 선재봉산船材封山, 선박 건조 때 사용되는 참나무 나무못 제작용 진목봉산眞木封山 등 목재의 용도와 재질을 근간으로 봉산을 설정했다.[19] 이 가운데 국가와 백성을 위해 가장 중요한 봉산은 선박 건조를 위한 선재봉산이었다.

위조문서로 목재벌목을 꾀하다

18세기에 목재 수요가 늘어나자, 불법적으로 벌목하는 일이 빈번하게 발생했다. 더욱이 아문과 궁방, 토호세력이 임야를 사사로이 점유하면서 중앙정부와 대립했다. 심지어 지역에 있는 봉산을 혁파하여 아예 개간하자는 논의로 확장되기도 했다. 이에 해당하는 사례가 전라도 장흥의 부속도서인 금당도 차우리에서 일어났다.

1755년(영조 37)에 좌의정 김재노가 상소하여 이르기를, "장흥의 금당도는 봉산입니다. 그 가운데 일부는 양향청에 절수한 땅이 있습니다. 근래에 양향청에서 관문을 올려 '경작을 허용해 달라'고 합니다. … 금당도 섬 전체가 봉산으로 지정되어 있으니 벌채를 위반하는 일이 없도록 엄히 규찰해야 합니다"라고 했다. 그런데 1761년(영조 37)에 이번에는 우의정 홍봉한이 상소하여 이르기를, "장흥 금당도는 본래 양향청 소속 둔전이 있는 곳입니다. 경작지로 적합하고, 소나무를 배양하기에 적합하지 않습니다. 양향청에 다시 소속시키고 백성들에게 경작을 허락하여 군수 물자를 보충하도록 하십시오"라고 봉산 개간을 제안했다. 1778년(정조 2)에 금당도 봉산 혁파논의가 사직司直 윤면동에 의해 재기되었다. 윤면동이 이르기를, "명칭은 봉산이지만 애당초 한 그루의 소나무도 없고, 있다 하더라도 포구와 거리가 멀고, 길이 험난하여 목재를 가져다 쓸 수 없습니다. 백성들에게 민폐입니다"라고 하여 봉산으로 인한 사회문제를 해결해 줄 것을 거듭 강조하고 나섰다.

과연 금당도 봉산에 대한 좌의정과 우의정의 의견은 누가 옳고 그른 것일까? 이러한 의문은 1762년(영조 38)에 호조판서

그림 9 차우리사무소

주민자치를 실현하는 장소이다. 동계와 목계 관련 마을문서가 소장되어 있다

그림 10 『금당도 목계책』

1870-1986년 목계전의 세입과 세출을 정리한 회계장부다. 차우리 주민들은 섣달-그믐날에 마을회의를 개최했다. 올해 동산에서 생산한 목재와 땔감에 대한 예산을 결산했다. 목계는 공동소유·공동노동·공동분배로 운영하여 차우리 동계운영을 위한 재정을 지원했다

그림 11 『금당도 동계책 하기下記』

금당도 차우리 사람들은 동계를 조직하여 자치행정과 부세문제를 공동으로 대응했다. 동계책에는 동중에 부과된 포구세·미역세 등 각종 세금, 호적대장 중수성책, 서당 교육, 남사당 초청, 표류민 구휼, 우물 청소, 수문 보수 등에 관한 지출 내역이 기재되어 있다

김상복이 올린 장계에서 그 정황을 알 수 있다. 김상복이 이르기를, "전라도에 거주하는 홍형보가 사람을 시켜 양향청 소속 금당도 소나무 작벌 도면을 그리도록 했다'라고 선공제조繕工提調 박명원이 신臣에게 보고했습니다. 그래서 홍형보에게 그 경위를 물어보니, '김적기가 공문을 얻어 저들에게 매매했다'라고 하고, 김적기는 '선공감繕工監에서 도면을 가져왔다'라고 합니다. 또 선공감역 서명철은 '정장呈狀에 의거하여 성급했다'라고 합니다."[20] 이렇듯 금당도 봉산은 본래 선재목과 황장목이 없었던 것이 아니라 중앙 관료와 지방 세력이 위조문서를 만들어 금당도 봉산을 혁파하도록 종용한 사기사건이었다. 결국 금당도 봉산이 혁파되고, 목재를 벌목한 세력은 임야를 방치했다.

금당도 주민들은 혁파된 봉산을 '동산洞山'이라 이름하고, 섬 주민들의 공유자원으로 삼았다.[21] 금당도 주민들은 동산을 효율적으로 관리하기 위해 목계木契를 조직했다. 동산과 목계의 운영 원리는 공동소유·공동노동·공동분배의 원칙을 적용했다. 이를 위해 동산의 목재 벌목은 가가호호 한 사람씩 도시락을 지참하고 산판으로 나와 공동작업으로 진행되었다. 산판의 이익금은 마을 주민들에게 부과된 세금에 대해 공동납으로 대응했고, 이외에 마을 주민들을 위한 행정업무, 후진양성을 위한 향교지원, 표류민 구휼, 제언과 수문 관리, 송전 관리, 목재 벌목,

공공재 구입 등으로 지출했다. 금당도 봉산과 목계는 마을공동체의 장기지속을 위한 재정지원의 동력으로 작동하고 있었다.

중국에 말을 수출하다

『예기』에 "나라의 부강을 물으면 목마의 수효로 대답한다"라고 했다. 전근대 목마는 국가의 부富를 측정하는 단위였다. 우리나라에서 말을 본격적으로 사육한 것은 몽골과 관련이 있다. 1231년(고려 고종 18)에 몽골이 고려를 침공하여 장기간 전쟁이 지속되었다. 1273년에 몽골군이 삼별초를 추격하여 제주도에 이르렀고, 이때 제주도의 자연환경이 몽골과 흡사한 점에 착안하여 말을 기르기 시작했다고 한다. 이렇게 시작된 목장이 조선시대에 중국으로 말을 수출하게 되었다. 전라도 진도목장을 통해 그 구체적인 실태를 살펴보자.

목장 설치의 최적지, 섬과 곶

말은 농업, 운반, 이동 수단이자, 국가 간의 외교문제를 해결하는 매개체로 기능했다. 조선 정부는 말을 국용으로 조달하고,

동시에 중국으로 말 무역을 시도했다. 1408년(태종 8)에 조선 태종은 무역마 430필을 요동에 보냈다.[22] 또 1423년(세종 5)에 목마 1만 400필을 중국에 보낼 계획으로, 전국에 목마를 분정하여 상납하도록 했다. 이때 전라도에 배정된 말은 1350필이었다.

중앙정부는 목장 설치에 적합한 후보지를 조사했다. 이에 사복시 제조 최윤덕이 "경상도와 전라도는 겨울철에도 몹시 춥지 않아서 말이 풀을 얻을 수 있습니다"라고 했고,[23] 또 삼도 도순찰사 김종서는 "전라도 나주의 압해도는 말 600필을 방목할 수 있지만, 거주민 60여 호를 육지로 내보내야만 가능합니다. 영암의 황원곶은 4천 필을 놓을 수 있는데, 역시 거주민 400여 호가 바닷가에 흩어져 살고 있습니다. 사방에 군사가 주둔하지 않아서 해적이 출몰할지도 모르니, 모두 육지로 내보내고 목장을 설치하십시오"라고 보고했다.[24]

이와 같이 15세기 전국을 대상으로 목장 설치 후보지가 조사되어 중앙정부에 보고되었다. 전라도 서남해역의 경우 총 34개소가 보고되었다. 지역별로 구분해 보면, 나주 9개소, 진도 6개소, 홍양(현 고흥) 5개소, 무안 3개소, 해남 3개소, 강진 3개소, 장흥 2개소, 영광 1개소, 영암 1개소, 순천 1개소 등이다. 흥미로운 것은 총 34개소 목장 후보지 가운데 섬이 26개소로 무려 76.5%를 점유한 점이다. 나머지 8개소는 홍양(현 고흥)의 도양곳, 무안의 해제곳·다경곳, 해남의 황원곳·독동음곳·입암곳, 순천의 여수곳, 영광의 구수곳 등으로 내륙 연안에 입지했다. 이런 까닭에 조선 전기 중앙정부의 도서정책 방향은 '도서거주 금지령'을 선포했던 것이다.[25] 즉 섬에서 주민들의 거주를 금한다는 소위 '공도정책空島政策을 표방한 것이다. 섬에서 주민들의 거주를 금하여 모두 육지로 이주시킨 다음 비어 있는 섬에 목장을 설치하는 정책을 표방한 것이다. 물론 조선 정부가 섬에서 주민들의 거주를 금한 이유는 여말선초 이래로 끊임없이 출몰하는 왜구 때문이었다. 왜구들이 자주 우리나라 해역을 출입한 것은 섬주민에 대한 약탈이 목적이었다. 이에 조선 정부는 왜구에 대한 대비책을 마련하기보다 아예 섬을 비워 두는 정책을 선호했던 것이다. 대신 섬의 공간은 주민을 대신하여 말과 소를 방목하는 목장지로 이용했다. 결국 조선 전기 서남해역의 섬은 주민을 대신하여 말이 생활하는 곳으로 바뀌었다. 섬은 물과 풀이 풍부하여 말을 방목하기에 최적지였다.

사람 대신 목마

15세기 초 말은 처음에 제주도에서만 길렀다. 그런데 『태종실록』에 따르면, "제주도에서 바친 말을 진도의 고읍古邑에 방목했다"라는 기사가 확인된다.[26] 여기서 말하는 '고읍'이란 고려 때 진도에 설치되었던 군읍을 지칭한다. 고읍은 오늘날 진도군 고군내면古郡內面(현 고군면)으로, 고려 때 행정의 중심지였다.

그러나 여말선초 이래로 왜구가 서남해역에 끊임없이 출몰하자, 조선 정부는 진도 사람들을 육지로 집단 이주시키고, 진도군을 해남군에 통합하여 해진군海珍郡이라 칭했다.[27] 진도가 유인도에서 무인도로 전환된 것이다. 흥미로운 사실은 1413년(태종 13)에 진도가 무인도로 변하자, 조선 태종은 제주도 안무사 윤임에게 명하여 진상마 1800필을 진도 고읍으로 옮겨 놓으라고 명했다.[28] 또 이듬해인 1414년에 진도 일원에 목책을 세우고, 추자도 사람들을 추쇄하여 진도로 이주시킨 다음 목동으로 삼았다.[29] 종합해 보면 조선 정부는 서남해역에 출몰하는 왜구의 노략질로부터 섬주민들을 보호한다는 명분 아래 진도를 무인도로 만들었다. 그다음 사람이 살지 않는 진도에 제주도 진상마 2천여 필을 옮겨와서 방목한 것이다. 섬의 공간을 사람 대신 목마로 채워 놓은 것이다.

과연 조선 태종은 왜구로부터 섬주민들을 보호하기 위해 공도정책을 표방했을까? 아니면 국용 조달과 무역마를 마련하기 위해 섬에 목장을 설치한 것일까?

조선 정부는 진도를 비롯하여 섬주민들을 육지로 집단 이주시킨 이유에 대해 '섬에서 사람이 살지 않으면 왜구들도 노략질 대상이 없는 섬에 더 이상 나타나지 않을 것'이라는 전제 조건 아래 공도정책을 표방했다. 그러나 진도가 무인도로 바뀐 상태에서 섬에서 목마가 생존할 수 있었을까? 진도에 방목했던 목마도 육지 땅 해진군으로 옮겨지고, 초창기 진도에 개설되었던 목장은 폐장되고 말았다.

1437년(세종 19), 바다가 다시 안정기로 접어들자 육지로 통합되었던 진도군이 복귀했다. 진도에 다시 수령이 파견되고, 진도군의 옛 이름을 회복했다. 당시 진도 거주민 수는 약 113호, 인구는 약 500-600명, 전답이 1천여 결로 추산된다.[30] 이 시기에 중앙정부는 전국을 대상으로 목장 설치 후보지를 조사했다. 이때 하삼도 도순찰사 김종서가 전국 각지의 목장 후보지를 조사하여 보고하기를, "진도군의 풍토가 제주도와 비슷하여 목장을 만들기에 적당합니다. 백성의 가옥을 제외하고, 건시미포부터 미사포까지 4천 필을 놓을 수 있고, 부지산 정상으로부터 창포까지 3백 필을 놓을 수 있으며, 해원 동쪽으로부터 덕병평까지 2백 필을 놓을 수 있으니, 3곳의 백성 70호를 읍성 가까운 땅으로 옮기고 목장을 쌓으면 됩니다"라고 보고했다.[31] 그 결과 이듬해 진도군에는 5개의 목장이 설치되었다. 즉 섬의 남쪽 여귀산 목장 2곳과 금갑도 목장 1곳, 서쪽에 부지산 목장 1개소, 북쪽에 해원곶 목장 1개소 등이 각각 설치되었다.

진도에 설치된 목장은 누가 관리했을까? 물론 목장 개설 당시 여귀산 목장, 부지산 목장, 해원곶 목장은 진도군사珍島軍事가 관리했고, 금갑도 목장은 수군만호水軍萬戶가 관장했다.[32] 이에 진도군사는 해진군에서 체류하던 섬주민들을 이끌고 진도군의 옛 치소로 복귀하는 한편, 내륙의 토지에서 유리된 사람들을 모집하여 10년 동안 조세와 부세를 부과하지 않는다는 조건하에 진도목장을 관리하도록 했다. 그 결과 진도의 서쪽에 입지한 지력산에 목장이 추가로 개설되고, 또 부속도서인 가아도加兒島(현 가사도)에도 목장이 신설되어 조선 전기 진도군에 총 7개의 목장이 운영되었다.

『목장지도』에서 검출된 폐목장

17세기 동북아시아 정세가 변동을 맞이하고 있었다. 중원을 지배하던 명나라가 정치와 재정으로 위축되고, 여진족을 통일한 청나라가 급부상했으며, 조선의 외교는 '친명반청'을 표방했다. 청나라는 두 차례 조선을 침공했고, 인조는 삼전도에서 항복을 선언했다. 인조의 뒤를 이어 왕위에 오른 효종은 사림을 등용하여 북벌론을 추진했다. 이를 위해 가장 시급한 것은 전

그림 12 17세기 《목장지도》 〈진도목장〉

부지산·첨찰산·소포·지력산 등이 표기
되어 있다. 이 가운데 부지산과 첨찰산
목장은 폐목장으로 등록되어 있고, 지
력산 목장만 유일하게 남아 있는 것으
로 확인된다. 소포는 지력산 목장 관련
포구를 표기한 것으로 보인다

국의 목장을 파악하는 일이었다. 당시 사복시 제조 허목(1596-
1682)이 전국 목장에 관한 기본정보(그림지도, 면적, 목마, 목자 등)를
담은 『목장지도』를 제작하여 보고했다. 임진왜란 이래로 병자
호란까지 장기간 전쟁으로 인해 전국의 목장이 소실된 상태였
다. 일례로 전라도 진도의 경우 총 7개의 목장 가운데 4개만 남
아 있다. 즉 첨찰산·부지산·지력산, 그리고 소포 등이다. 이 가
운데 첨찰산과 부지산 목장의 경우 폐목장으로 등재되고, 조선

전기에 설치되었던 남도포 목장과 가사도 목장은 이미 소실된 상태였다. 결국 17세기 진도에 유일하게 남아 있는 목장은 섬의 남쪽에 입지한 지력산 목장뿐이었다.

그런데 진도목장의 경우 왜 섬의 북쪽, 즉 육지에 가까운 곳에 입지했던 첨찰산 목장, 동남쪽에 입지한 첨찰산·여귀산 목장은 없어지고, 육지에서 가장 멀리 떨어진 곳에 입지한 지력산 목장만 19세기까지 존립했을까?

이러한 의문은 조선 중종 때 전라도 관찰사 김정국의 장계에서 그 실마리가 찾아진다. 김정국이 올린 상소에, "진도 부지산 목장의 마필을 다른 곳으로 옮기고 국둔전을 개설했는데, 그 규모가 10결 56부 8속입니다"라고 했다.[33] 부지산 목장이 개간되었다는 이야기다. 그 규모가 1결에 3천 평을 기준으로 환산해 보면 진도 부지산 목장이 토지 3만 평 규모로 개간된 것이다. 이 일대에 둔전들·덕전들·석현들·가정들 등이 분포하고, 진도를 대표하는 토착 성씨들의 세거지가 입지한다. 예컨대 벽파나루 인근 용장·세등마을의 현풍곽씨, 송산리 동편에 경주이씨, 석현마을의 김해김씨, 오산리의 창령조씨 등이다. 이렇듯 조선 중기 진도 주민들의 자급자족을 위한 농경지는 목장을 개간하여 만들어졌다.

진도목장 소속 목민들의 이중과세

19세기 진도목장의 규모는 제1목장 7산, 목마 약 104-187여 필로 확인된다. 여기서 제1목장은 유일하게 장기지속하고 있는 지력산 목장이며, 7산은 모화산毛和山·지력산智力山·삼당산三堂山·백여산白如山·고남도산古南桃山·평신산平薪山·마사산馬沙山 등 이다. 각 산에 1명의 군두群頭를 파견하여 매일 말을 관리하도록 했다. 7명의 군두 아래 133명의 목자가 배정되었다. 또 진도

그림 13 18세기 진도 지력산 목장의 입지
(참조: 김정호 엮음, 『전남의 옛 지도』 향토문화진흥원출판부, 1994)

지도 왼편 하단 원형으로 표시된 부분이 지력산목장터이다

목장 소속 목민은 232호이고, 목관의 관저에 428호, 지력산 목장 650호 등 총 1310호로 파악된다. 이들은 19세기 진도 거주민의 약 25%를 점유한 것으로 추산된다.

진도목장의 목민들은 다양한 세금을 부담했다. 그 종류와 규모를 살펴보면, ① 삼세봉상(쌀·콩·목화에 대한 세금), ② 보리세, ③ 병방색(군두·군부·목자가 납부하는 세금), ④ 봉진마(봄과 가을 3필, 인정전 별도), ⑤ 여름 상납(삼나무 고무래 20자루, 여비 및 운송비 별도), ⑥ 겨울 상납(수포군 615명, 1인당 1량 2전 5푼씩, 기타 선물 및 판공비 등 별도), ⑦ 공방색(봄과 가을 관아 수리비, 기타 물품 구입비 별도), ⑧ 균역색(토지 절수답 1결에 1푼씩), ⑨ 지력산 보리세(목화밭·콩밭 1결에 보리 3두씩, 색리의 인건비 별도), ⑩ 가을 상납(목화밭 1결당 목화 45근, 콩밭 1결당 콩 45두, 색리의 판공비 및 운반비 별도), ⑪ 진휼색(영아문에 보리세와 콩세 납부), ⑫ 지창색(중앙관아에 보리세와 콩세 납부), ⑬ 관청색(사복시에 논 1결당 씨앗 1석씩, 밭 1결당 씨앗 9승씩, 외촌 주민의 경우 1가구당 참깨 3승씩) 등이다. 이처럼 다양한 종류의 세금을 진도목장 소속 주민들이 쌀·보리·콩·목화 등으로 대납했다. 이를 위해 진도 사람들은 보리를 베고, 그 자리에 콩이나 목화를 심어 세금을 감당했다. 즉 동일한 밭에서 생산되는 산물에 대한 이중과제를 적용한 것이다. 이런 부담으로 인해 섬주민들은 목장 혁파를 소망했다.

어장과 복지

전근대 섬사람들은 어장을 어떻게 운영했을까? 이러한 의문에서 '전답이 없는 섬'을 찾아 어장을 관찰했다. 사례는 전남 장흥군 회진면의 부속도서 노력도다. 노력도에는 농사지을 땅이 없다. 노력도 주민들이 처음 토지를 마련한 것은 1946년이다. 이 전답은 주민 공동소유로, 바다 건너 장흥 회진에 있다. 이러한 자연환경으로 인해 노력도 사람들은 오직 바다에 의존하여 경제생활을 영위해 왔다. 토지가 전혀 없는 섬사람들이 어장을 어떻게 운영해 왔는지 현전하는 마을문서를 통해 읽어 보자.

장흥 회령포진의 부속도서, 노력도

노력도는 장흥 회진 앞바다에 입지한다. 육지에서 약 4km 떨어진 바다에 위치하여, 그 모습이 마치 내륙으로 들어가는 선박을 검문하는 것처럼 보인다. 2006년에 장흥 회진과 노력도를 이어주는 연육교가 건설되면서 섬 문화를 간직한 육지로 변했다.

노력도 오른쪽에 보성 득량만이 펼쳐져 있고, 그 너머에 고흥 소록도가 보인다. 또 남쪽으로 완도군의 부속도서인 금당도가 위치한다. 이러한 입지 환경으로 인해 조선 성종 때 장흥군 회진면 회령포에 수군만호가 주둔하고, 수군진성이 축조되었다. 이것이 회령포진성(혹은 회진성)이다.

노력도는 회령포진의 부속도서다. 전근대 고문헌에서 노력도를 검색해 보면, 1747년에 간행된 『장흥읍지』에서 처음 확인된다. 기본정보는 "노력도, 회령포진에 있다"라는 내용이다. 19세기에 간행된 고문헌 가운데 1895년에 작성된 『회령포진지會寧浦鎭誌』에 의하면, "노력도 거주민의 수는 8-9호다"라는 내용이 전부다. 이상 현전하는 안내 정보를 종합해 보면, 18-19세기 노력도는 장흥군 회진면 회령포진의 부속도서이고, 호구는 8-9호, 인구는 약 30여 명이 거주하는 작은 섬으로 확인된다.

섬주민들의 생업기반, 김(海衣)

노력도 사람들의 생업은 어업이다. 봄과 여름에 갯장어, 가을과 겨울에 낙지와 문어, 김과 미역 등을 채취한다. 그러나 20세기 초에 노력도의 경제기반은 김(海衣)이었다. 1895년에 작성된 『호남진지』「회령포진 사례성책」물산에 따르면, '삼동三冬에 해의海衣를 생산하는데, 농업을 대신한다'라고 기록되어 있다. 즉 삼동은 '겨울 석 달'을 지칭하는데, 10~12월에 생산하는 김이

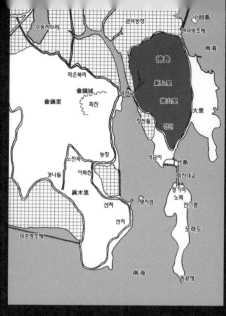

장흥 회령포진의 부속도서다. 노력도와 인접한 덕산도
는 간척으로 인해 육지로 변했다. 노력도 역시 2006년
에 연육·연도교가 건설되면서 섬 문화가 남아 있을 뿐
섬의 범주에 포함되지 않는다. 우리나라는 연육교 건
설 이후 10년이 지나면 더 이상 섬의 범주에 포함하지
않기 때문이다

'쌀을 대신하는 산물'로 평가되었다. 심지어 노력도 사람들은
어장을 '마을-땅'이라 부른다. 이런 까닭에 노력도 사람들의 신
년 화두는 김에 얽힌 이야기로 시작된다. 예컨대 '조금(조석 간만
의 차가 가장 적을 때)에 김이 안 된다'라든가, '물살이 있어야 김이
좋다'라든가, '물살이 빠른 두 물과 아홉 물 사이에 김을 채취하
는 것이 좋다'라든가, '물살이 없으면 김 색깔이 없다'라는 말이
전해 온다.

이처럼 노력도에서 김이 주목받게 된 것은 조선총독부의 수

산시험장 건설 때문이었다. 1925년에 조선총독부는 노력도 앞 바다에 있는 죽도에 수산시험장을 설치했다. 이곳에서 김 생산을 증대시키는 김발 개발을 추진했다. 본래 전통방식의 김은 나뭇가지를 바다에 넣어서 건져 올리는 방식이었다. 훗날 나뭇가지가 산죽山竹으로 바뀌긴 했지만, 전통방식의 김 수확은 생산량이 적었다. 그런데 죽도시험장에서 '염홍발'의 단점을 보강하여 새로 '부홍발'을 개발했다. 부홍발은 노력도 김 생산량을 급격히 증가시켰고, 1930년대 전국 김 생산 1위를 차지하는 데 기여했다. 그 결과 1895년 통계에 노력도 주민 총 9호가 거주했던 작은 섬이었는데, 1930년대 노력도 인근 지역민들이 노력도로 모여들어 그 수가 70명에 달했다.

현전하는 대동계 마을문서

노력도 현장답사에서 가장 흥미로운 것은 마을문서의 발견이었다. 이 문서는 노력도 사람들에 의해 직접 작성된 대동계大同契 자료다. 대동계란 '마을 주민들의 복리증진과 상호부조를 목적으로 공유재산을 마련하고 관리하는 자치조직'을 의미한다. 일명 '동중계洞中契', '동리계洞里契', '동계洞契' 등으로 부른다. 이러한 대동계 문서가 노력도에만 유일하게 전승되는 것은 아니다. 그런데 노력도 마을문서가 주목되는 이유는 바로 "전답이 전혀 없는 섬에서 사람들이 어떻게 경제생활을 영위해 왔는가?"에 대한 의문 때문이다. 다시 말해서 노력도 사람들이 어장을 어떻게 관리하고 운영해 왔는가를 파악할 수 있을 것으로 기대되었기 때문이다.

현전하는 노력도 마을문서는 ①『대동계안』(1925), ②『회의록』(1971-2009), ③『노력어업면허내역서』(1책) 등이다. 먼저『대동계안』은 필사본으로, 수록 내용은 강신유사講信有司, 원리합금(원금과 이자), 지출금, 실재금(곗돈 잔액), 계원(명단), 전유사錢有司 등이다. 이처럼『대동계안』은 계원(명단), 예산(수입과 지출)에 관한 정보만 확인된다. 왜 노력도 사람들이 대동계를 조직했는지, 대동계원들이 반드시 지켜야 할 규칙은 무엇인지, 누가, 언제, 어떤 목적으로 대동계를 결성했는지에 관한 정보가 전혀 없다. 심지어『대동계안』앞부분이 일부 소실되어 창설시기에 관한 기록도 파악할 수 없다. 다만 육안으로 추산되는 연대가 1925년으로 추론된다.

노력도 대동계원의 수는 1926년 30명, 1927년 31명, 1928년 33명 등으로, 평균 약 30명이다. 이것은 1872년도 '노력도의 호구 수가 8-9호에 불과했다'라는 기록과 비교해 보면 대동소이하다. 다만 1930년에 김 생산용 '부홍발'이 개발되면서 1936년

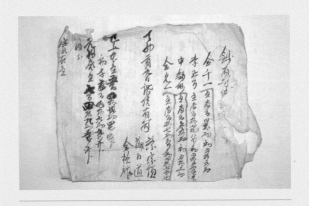

그림 15 「정묘년 강신유사」와 예산 결산 내역

그림 16 「정묘년 계원명단」

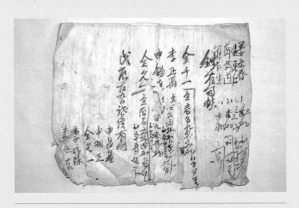

그림 17 「정묘년 전유사」

전국 김 생산 1위를 등극했을 때 노력도 대동계원의 수가 40-50명으로, 크게 증가한 것으로 확인된다. 1930-1940년대 노력도에서 김 생산량의 증가는 섬주민들의 경제 활성화로 연결되었다. 그 증거로 1930년대 노력도 주민들은 일본 경찰의 눈을 피해 비밀리에 독립운동자금을 모금하여 중앙에 전달한 문서가 현전하고 있다. 노력도 주민들의 독립자금은 그 규모에 따라 '은장銀章'과 '동장銅章' 등이 수여되었다. 은장의 경우 '논 서마지기', 동장은 '논 두마지기' 값이었다고 한다. 노력도 주민 7명이 은장을 수여했다. 노력도에는 전답이 없던 시절에 어떻게 '논 서마지기' 값을 독립운동자금으로 조달했을까? 전답이 없는 섬에서 자금을 조달할 수 있는 방법은 어장이 유일하다.

현전하는 노력도 마을문서 가운데 『회의록』에는 노력도 주민들이 섬에서 경제생활을 어떻게 영위해 왔는가를 자세히 전해 준다. 회의록은 1971년부터 2009년까지 기록되어 있는데 노력도 마을공동체가 어떤 일을 추진해 왔는지, 당시 수입과 지출 규모는 어느 정도였는지 구체적으로 전달해 주고 있어 공동체의 활동과 성향을 파악할 수 있다.[34] 1971-2009년도 노력도 마을공동체의 재원은 수입의 경우 바다정화사업을 위한 정부 보조금, 호망제비로 결정된 고기잡이 입찰 대금, 키조개-밭과 해삼-밭 판매 대금, 미역 판매 수익금, 섬주민들의 범칙금 등이다. 또 지출 내역으로 1926년도의 경우 대동계전 총 1130량 5전 가운데 학교기부금 73량 7전을 지출하고 있다. 그런데 1926년 노력도에는 교육시설이 없었다. 그럼에도 불구하고 대동계에서 학교 기부금 명목으로 6%를 지출하고 있어 흥미롭다. 아마도 당시 학교는 조선 정부에서 건립한 장흥향교가 유일한데, 향교 운영비를 섬마을 공동체에서 지원하고 있는 점은 상당히 고무적이다. 또 1929년도에는 대동계에서 우물 청소비 46원 20전을 지출했다. 또 1930년에는 돛대 수리비 70전과 채취 선박 검사비 1원 20전, 그리고 동중洞中 해태장海苔場 3원을 지출했다. 또 1932년에는 임야 조사비, 1935년에는 선창의 역가役價, 1946년에는 마을공동 전답 매입에 따른 토지대금을 지출하고 있었다. 이렇듯 노력도 대동계 조직은 섬주민들의 생활에 필요한 공유자원을 마련하는 데 주도적으로 기능하고 있었다.

'마을-땅'이라 부르는 어장

전근대 노력도 사람들의 어장 운영 원칙은 "공동소유·공동노동·공동분배"다. 더욱이 노력도에는 농사를 지을 만한 땅이 전혀 없다. 섬사람들은 오직 바닷일에 종사하여 생계를 유지해왔다. 다음 【그림 18】는 노력도 사람들이 공동으로 운영하는 어장 구획도다.【그림 18】에서 A-D구역은 장흥 회진의 어장으로 육지 사람들의 몫이다. 노력도 주민들의 마을어장은 'E, F, G'구역이다. 이 가운데 'E-1·2'구역은 1등급 어장으로, 수심이 얕고 조류가 없어 김 생산에 좋은 반면, 'F-1·2·3'구역은 바깥 바다에 입지하여 조류의 흐름이 빨라서 2등급으로 분류된다. 그리고 'G'구역은 노력도 마을공동체의 몫이다.

　　노력도 주민들은 해마다 7월에 '주비뽑기'를 한다. 주비뽑기란 올해의 어장을 편성하는 작업이다. 이때 가장 중요한 규칙은 주민들 모두 주비뽑기 2회를 실시하는데, 반드시 'E'구역과 'F'구

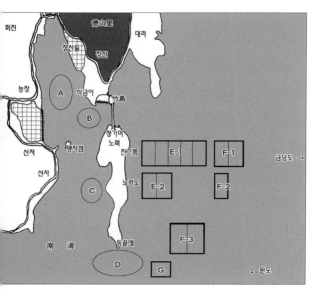

그림 18 노력도 어장

[A:김(회진, 산저, 선자), B:김(노력도, 덕도), C:고막(노력도), D:미역(삭금, 회진, 산저, 선자), E-1, 2:미역(노력도 1차), F-1, 2, 3:미역(노력도 2차), G:미역(노력도)]

역에서 각각 어장을 선택해야 한다. 그리고 어장 운영에 따른 성과는 이듬해 1월에 대동계 총회에서 결산한다.

노력도 대동계의 특징은 청년층과 노년층을 위한 복지에 주목한 점이다. 먼저 청년의 경우 미래의 어업인으로 성장할 수 있도록 마을어장(해태장과 미역장) 이용권을 부여하여 체험학습의 장을 제공해 주고, 노인들의 경우 더 이상 바닷일에 종사하지 않아도 섬생활을 영위할 수 있도록 공동어장 총생산량의 1/n을 분배하여 노인복지를 실행해 오고 있다. 이를 위해 노력도 사람들은 마을어장을 공동소유·공동노동·공동분배의 원칙에 준하여 운영해 왔던 것이다. 노력도의 마을어장은 섬사람들의 공유자원으로 활용되고 있었다.

수군진, 해양방비와 행정업무

전근대 우리나라의 방비체계는 산성山城을 중심으로 구축되었다. 임진-정유란 이후 왕위에 오른 인조는 대대적으로 방어체계를 재정비했다. 인조가 이르기를, "성곽은 인가人家의 울타리처럼 정비하여 도읍을 방위하고, 강화도를 중심으로 좌左로 황해도, 우右로 경기·충청·전라·경상도에 이르는 각 섬을 물고기 비늘처럼 차례로 연계하여 수군진보水軍鎭堡를 설치하라"
고 명했다. 이러한 인조의 해양방비는 후대 왕들에게 회자되었
다. 특히 조선 숙종은 내륙과 섬을 상호 연계하는 수군 첨사진·
만호진·별장진 등 시범사례를 운영한 다음 군현에 수군진을 설
치했다. 왜 숙종은 우리나라의 섬과 바다에 수군진을 증설했을
까? 수군진의 기능에 대해 살펴보자.

내륙에 입지한 수군본영水軍本營

    조선 정부의 섬에 대한 관심은 수군진의 입지에서 확인된
다. 전라도 서남해역 수군진에 대한 정비가 15세기 초에 단행
되었다. 1408년(태종 8)에 전라도 수군도절제사가 왜구 대비책의
일환으로 광주 송정에 있던 전라수영全羅水營을 무안 대굴포(현
함평군 학교면 사포나루)로 이전했다. 그런데 1429년(세종 11)에 전라
수영의 수로가 좁고, 바다에서 멀리 떨어져 있어서 유사시 대응
하기에 어렵다는 논의가 제기되었다. 그 결과 무안 대굴포에 있
던 전라수영 소속 전선을 해남의 어란량(현 송지)과 달량진(현 북
평), 강진의 마량, 장흥의 회령포(현 회진), 고흥의 녹도(현 도양)·
축두포(현 풍양)·사도(현 영남)·여도(현 점암) 등지로 이전했다. 또
1432년(세종 14)에는 전라수영을 목포로 이전하고, 소속 병선은

해남에 배치했다. 1479년(성종 10)에 전라수영이 다시 해남의 우수영과 순천의 좌수영으로 분리되고, 그 예하에 27개의 수군진이 배치되었다. 이 가운데 섬에 설치된 수군진은 강진의 마도진과 가리포진(현 완도), 장흥의 녹도진, 보성의 여도진, 순천의 돌산도진 등이다.[35] 종합해 보면 조선 전기의 관방체계는 내륙의 산성을 중심으로 그 외연에 읍성邑城이 편제되고, 해당 군현의 앞바다에 수군진이 주둔하는 편제였다.

조선 중종 대 이후 서남해 도서지역에 왜구 출몰이 급격히 증가했다. 즉 1553년(명종 8)에 흑산도 주민들이 왜적에게 피살당한 사건이 일어났다. 또 1554년(명종 9)에는 흑산도 인근 해상에서 전라수사와 왜구가 접전했으며, 1555년(명종 10)에 왜적이 해남 달량진으로 쳐들어와서 영암·강진·장흥 등지를 점령했다. 뒤이어 1587년(선조 20)에 왜구가 청산도를 습격하여 수백 명의 목숨을 앗아갔고, 급기야 1592년(선조 25)에 임진왜란이 일어났다.

육지와 섬을 연계하는 방어시스템

조선의 진관체제가 개편된 것은 인조 때다. 인조반정 이후 집권 세력은 중앙에 어영청·총융청·수어청·금위영·훈련도감

등을 설치하여 오군영五軍營으로 재편하고, 지방에는 수군진을
증설했다. 17-18세기 전라도 서남해역 수군진 총 29개소 중 섬
에 배치된 수군진이 16개소(55%)였다. 군현별로 살펴보면 부안
(위도·신도), 영광(임자도), 나주(흑산도·지도), 무안(임치도), 진도(금갑
도·남도포), 강진(마도·가리포·청산도·고금도·신지도), 장흥(녹도), 보성
(여도), 순천(돌산도) 등이다. 또 강진 병영에 주둔하고 있던 병마
절도사가 육군을 총괄하고, 수군첨절제사가 읍치의 도호부사·
현령·현감 등 수령직을 겸직했으며, 그 예하에 내륙 연안 및 섬

에 수군만호를 파견하여 최 일선에서 바다를 방비했다.

　조선 숙종 때 전라도 서남해역의 방어체계가 체계적으로 구축되었다. 1681년(숙종 7)에 수군 첨사진과 만호진이 고금도와 청산도에 시범사례로 설치되었다. 즉 강진읍 내륙 깊숙한 곳에 병영성이 입지하고, 그 외연에 강진읍성이 병영성을 호위했다. 강진현 앞 바다에 고금도진이 입지하고, 바깥 바다에 청산도진이 위치한다. 곧 '병영성-강진읍성-고금도진-청산도진'이 일직선상에서 방어체계를 구축한 것이다. 이듬해 일부 사항을 시정했는데, 청산도에 설치된 수군만호진이 바깥 바다에 입지하여 오히려 내륙과 섬, 섬과 섬을 상호 연계하는 데 비효율적이라는 결론에 도달하게 된다. 그리하여 1683년(숙종 9)에 서남해역 수군진의 편제가 대폭적으로 수정되었다. 즉 군산의 위도진과 완도의 가리포진을 각각 주진으로 삼고, 그 예하에 첨사진으로 법성포진(영광)·임자도진(영광)·임치진(함평)·고금도진(강진)·녹도진(장흥)·사도진(흥양)·방답진(순천) 등이 배치되었으며, 첨사진 예하의 만호진으로 지도진(나주)·목포진(목포)·어란진(해남)·남도진(진도)·회령포진(장흥)·발포진(흥양) 등이 편제되었다. 또 만호진 예하에 별장진으로 흑산도진(나주)·청산도진(강진)·돌산도진(순천)이 배치되었다.[36] 내륙과 연안, 섬과 바다가 상호 연계되어서 마치 물고기 비늘처럼 해양방어 체계를 구축한 것이다.

수군진의 기능변화

조선 전기에 전라도 수군본영이 내륙에 입지했다. 그리하여 '광주(송정) → 함평(대굴포) → 목포 → 해남(우수영)·순천(좌수영)' 등 수군진이 섬과 바다로 전진 배치되었다. 초창기 수군진은 왜구들로부터 섬주민을 보호하는 데 주력했다. 그런데 임진-정유년 간에 장기간 전쟁을 치르고, 연이어 정묘-병자년에 청나라의 침공을 받으면서 조선 정부의 방어체계가 전면적으로 수정되었다. 특히 조선 후기 진관편제의 특징은 내륙과 연안, 섬과 바다를 상호 조응하도록 수군진을 증설하고, 각각 수군 첨사·만호·별장 등을 파견하여 방비체계를 강화했다.

그런데 17-18세기에 전라도 내륙지역의 유이민들이 섬으로 모여들었다. 급기야 서남해 도서지역의 인구가 날로 증가하자, 조선 정부는 도서정책을 바꾸었다. 그것은 섬에서 주민들의 거주를 허용하고, 대신 섬주민들에게 납세의 의무를 부여한 것이다. 이러한 변화의 중심에 수군진이 있었다. 중앙정부는 수군진으로 하여금 해양방비는 물론 섬주민에 대한 대민업무를 지원하도록 했다. 수군진의 주된 업무는 다음과 같다.

첫째, 송전과 봉산 관리다. 송전은 궁궐과 관아 건립을 위한 건축용, 전선과 병선 등 선박 건조용, 왕실 사람들의 제택과 관곽용, 간척지를 만들 때 제방 축조용 목재를 공급했다. 따라서 소나무는 국가 재용을 창출하는 용도로만 벌목이 허용되었고, 이를 관리·감독하는 기구가 수군진이었다. 일례로 강진의 청산도진에서 관리했던 송전 규모는 '동·서면의 길이와 너비가 각각 5리'로 확인된다. 또 해남의 어란진은 보길도 송전을 관리했으며, 매년 상급관부에 선재목을 공급했다. 또 완도의 가리포진은 강진·영암·해남 등지의 송전을 감독했다.[37]

그런데 조선 후기에 왜 송전을 봉산으로 전환했을까? 송전이 국용 목재를 제공해 주었던 임야인데, 굳이 봉산으로 바꾼 이유는 무엇일까? 1783년(정조 7)에 호남어사가 봉산을 설치한 이유를 말하기를, "위로는 황장목을 제공하기 위함이고, 아래로는 선박 건조용 목재를 제공하기 위함"이라고 밝히고 있다.[38] 일례로 전라도 장흥 회령포진의 경우 천태산과 천관산 사이에 입지한 심치동 일대의 봉산을 관리했는데, 매년 진장鎭將은 어린 소나무를 심어 산을 가꾸고, 섬주민 1명을 선발하여 작벌을 감독했다.[39] 이처럼 수군진은 송전과 봉산을 관리 감독하여 중앙정부에서 필요로 하는 목재를 공급하는 기능을 수행했다.

둘째, 섬마을 인구와 호구의 관리다. 서남해역 섬마을의 인구는 조선 영조 때 호구 수를 파악하여 보고된 사안이었고, 정조 때 섬마을을 단위로 하여 행정리를 편제했다. 일례로 강진

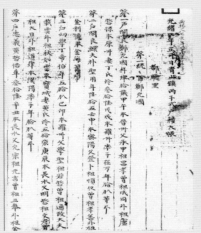

그림 20 『청산진병자호적대장』(1876)

그림 21 『절목』(1797)

도청리 제1통 통수 정윤국을 비롯하여 제1호
부터 순차적으로 등재되어 있다. 완도항에서
배를 타고 청산도 도청항에 당도하면, 도청
리에 청산면사무소가 입지하고, 항구 초입에
20세기 성행했던 청산도 '고등어파시'와 선창
풍경 사진이 전시되어 있다

청산도진의 주된 업무가 호구·인구·자연촌·부속도서 등을 관
장했는데, 그 흔적이 『청산진병자호적대장』(1895)에서 확인된
다. 호적대장에 수록된 항목을 살펴보면, 청산도민 소속 호구
(남여), 성씨(본관), 리里·촌村, 신분과 직역 등이 상세하게 기재
되어 있다. 19세기 청산도진 소속 호구수는 892호(청산도 122통

555호, 소안도 70통 337호), 인구는 2194명(남자 1507명, 여자 687명)이었다. 청산도 주민들의 촌락별 인구수는 도청리(160명)·불목리(36명)·도락리(55명)·당리(138명)·읍리(117명)·진산리(39명)·국화리(27명)·지구미(109명)·동촌(127명)·사정리(75명)·청계리(10명)·구성리(15명)·부흥리(42명)·양지리(33명)·중흥리(39명)·신흥리(80명)·해의리(22명)·동리(79명)·신풍리(46명) 등으로 확인된다.[40] 그리고 청산도진의 부속도서는 청산도를 비롯하여 여서도·소안도·자지도·횡간도 등 5개의 섬이 편제되었다.

셋째, 섬주민들의 세금과 부역 관리다. 수군진 소속 섬주민들은 해당 수군진과 상급관부, 중앙의 훈련도감, 그리고 왕실의 세금과 잡역을 이행했다. 일례로 강진 청산도진 소속 주민들의 경우 토지세를 연령궁방에 납세했다. 이 토지는 '영조가 연령궁방(숙종의 6자 연령군)에 하사한 것'인데, 섬주민들은 매년 정곡正穀 600-700포를 연령군의 후손인 전주이씨 문중에 납부했다.[41] 1797년(정조 21)에 청산도 주민 3인방이 비변사를 항의 방문하여 세금문제에 대해 이의를 제기했다. 이때 비변사에서 청산도에 발급해 준 『절목』에 따르면, '청산도 주민들에게 부과되었던 전선 1척, 병선 1척, 사후선 2척, 수선水船 1척 등에 필요한 목재 상납을 고금도·조약도(현 약산도)·신지도·모도 등 5섬 주민들에게 분담하도록 하고, 또 청산도 주민들에게 부과되었던 군졸역가

그림 22 청산도 당리와 읍리

1681년에 청산도진이 당리에 설치되었다. 사진 앞쪽이 당리이고, 저 멀리 산 아래에 입지한 마을이 읍리다. 당
리의 수군진은 조선 후기 청산도 인근의 크고 작은 섬을 관할했다. 읍리는 19세기 말엽까지 청산도 일대 섬의
행정업무를 담당했다. 1895년에 200여 개의 섬을 묶어 완도군이 신설되자, 청산도진의 행정기능이 완도군청
으로 이관되었다

軍卒役價, 전선과 병선 개조 때 벌목과 목재 운반, 공용 잡물비 등
잡역 부담을 적게 책정하라'고 명했다.[42]

　　이외에 청산도의 부속도서 주민들은 바다에서 채취한 해산
물에 대해서도 각종 세금을 납세했다. 먼저 소안도는 선박세
53량, 미역세 51량 4전 8푼, 어장세 2량을 납부하고, 청산도는
선세 42량, 어장세 1량 5전, 미역세 35량, 해의(김)세 6량을 부과
했으며, 여서도는 선세 44량 5전, 미역세 5량, 해의(김) 4량 등을

봄과 가을에 수영과 균역청에 납부했다. 이처럼 청산도진 소속 진민들의 각종 세금과 부역은 수군진에서 관리 감독했다.

넷째, 조운로 관리다. 조운이란 조세로 거둬들인 곡물을 선박에 실어 경창으로 운송하는 제도다. 각 지방에서 납부한 세곡을 한양까지 손실 없이 운반하는 것은 국가의 안정적인 재정 운영을 위해 반드시 필요한 사항이었다. 『경국대전』「조운선 호송 규정」에 의하면, "뱃길을 잘 아는 사람이 조운선을 안내하고, 수군만호가 호송"하도록 했다. 그런데 조선 후기에 조운 규정이 더욱 강화되어 조운선을 호송할 때 조운로 주변 고을 앞바다에 표지목을 세우고, 바닷길을 잘 아는 사람을 선박에 2-3인씩 승선시켜 수로를 지휘했다. 각 포구의 만호는 담당 구간의 호송이 끝난 후에 문서를 발급하여 증명하게 했다.[43] 전라도의 세곡은 매년 3월 15일 이전에 발선하여 4월 10일 이내 경창에 도착했다. 이러한 조운선이 파손 없이 온전히 경창에 도착할 경우 수군 만호와 그 휘하의 인원들에게 포상이 주어졌다. 수군진은 조운선의 항해 안전을 위해 조운로를 보장했다.

다섯째, 선박건조다. 수군진의 선박 건조 기능은 해남의 어란진과 강진의 청산도진에서 확인된다. 먼저 어란진의 경우 전선戰船·병선兵船·방선防船·사후선伺候船 등 5척을 건조한 다음 80개월이 경과하면 영문營門에 보고하여 새로 선박건조를 승인

받았다. 이때 소요 목재를 조사한 다음 수군진 소속 진민鎭民을 동원하여 선박을 건조했다.[44] 강진 청산도진의 경우 상급관부인 우수영에 전선 1척, 병선 1척, 사후선 2척, 수선水船 1척을 건조할 때 필요한 목재를 상납했다.[45]

이렇듯 서남해역의 수군진은 해양방비 기능이 주된 업무였지만, 섬에 인구가 증가하자 행정업무를 관장했다. 특히 국가의 재용을 창출하는 송산과 봉산 관리, 조운로 보장, 선박 건조, 그리고 도서지역 주민들에 대한 인구와 호구, 세금과 부역 등 내륙의 군현에서 행하던 대민업무를 담당했다. 수군진은 섬마을 말단 행정기구로 기능했다.

2

섬으로 이주한 사람들

입도조와 입도유래

    섬 이야기는 입도조入島祖로부터 시작된다. 입도조란 그 섬에 가장 먼저 정착한 선조를 지칭한다. 물론 현재 그 섬에서 거주하고 있는 주민들의 직계 조상에 한정된다. 역사 이래로 섬주민들은 끊임없이 교체되어 왔다. 그 선주민先主民에 관한 이야기는 빛바랜 사진처럼 보인다. 이런 까닭에 섬주민들은 누가, 언제, 어디로 입도했다가 어디로 이주했는지, 그의 직계 후손들은 어디로 분파했는지 그 얼개가 전해 온다. 여기에 필자는 그 섬을 대표하는 성씨들의 『족보』를 열람하여 선주민을 추적하고, 해당 섬의 대표 인물들의 삶을 검출했다. 그다음 그 섬에서 전

해 오는 문화유산으로 여백을 채워 나간다. 이제 그 섬 안으로
들어가 보자.

섬에서 거주를 금하다

조선 전기 섬에 대한 국가의 정책은 '도서거주금지'였다. 왜
정부는 섬에서 사람들의 거주를 금했을까? 조선 세조는 섬에서
거주하는 사람들에 대해 추쇄령을 선포했다. 1461년(세조 7)에
병조에서 이르기를, "전라도 백성들이 섬으로 도망 들어간 자가
많으니, 관리를 보내 쇄환하도록 하십시오"라고 보고했다. 또
도진무都鎭撫 심회沈澮는 "바닷가 연해변 백성들이 섬에 몰래 들
어가서 고기잡이를 하거나 소금을 굽기도 하고, 혹은 농사를 짓
거나 장사하는 자가 있습니다. 그런데 이들을 추쇄하기 위해 섬
으로 들어가면, 그들은 가족들을 데리고 더 깊은 섬으로 들어가
영구히 돌아오지 않는 자도 있습니다. 참으로 큰일입니다"라고
했다.[46] 이렇듯 세조 때 중앙정부는 섬에서 사람이 살지 않는
'무인도'를 지향했던 것으로 보인다.

조선 성종 때 섬에 대한 인식은 여전히 사람이 살지 않은 정
책을 계승하고 있었다. 이러한 측면은 중앙에서 하삼도 관찰사
에게 내린 「사목事目」에서 확인된다. 이에 따르면, "여러 섬에 도

망가서 숨어 사는 사람들을 수령과 수군만호로 하여금 추쇄하도록 했다. 만일 섬에서 사람이 발견되면 해당 수령과 만호를 파직시키고, 그의 가족을 변방으로 추방한다"는 처벌 규정이 강화되었다.[47] 조선 성종의 도서정책 방향은 '섬에서 거주하는 백성들을 모두 육지로 내보내고, 섬을 비워 둔다'는 방침이었다.

조선 정부는 왜 백성들의 도서 거주를 통제했을까? 그 이유는 끊임없이 출몰하는 왜구 때문이었다. 왜구는 여말선초 이래로 우리나라 해역에 출몰하여 미역을 채취하거나 선박을 건조했으며, 심지어 섬주민들을 약탈했다. 일례로 1396년(태조 5)에 수군만호가 진도珍島에 출몰한 왜구 10여 명을 사살한 사건이 발생했는가 하면, 1406년(태종 6) 암태도에 침입한 왜선을 염부鹽夫들이 격퇴한 일이 있었고, 1408년(태종 8)에 왜선 9척이 암태도 주민들을 노략질한 사건이 일어났다. 또 1409년(태종 9)에 진도와 해남, 강진 등지로 침입한 왜구가 우리나라 병졸들을 생포하여 도주한 사건이 있었고, 1413년(태종 13)에는 왜인들이 흑산도 해역에 출몰하여 미역을 약탈했다.[48] 이렇듯 왜구로 인한 사건·사고가 끊임없이 발생하자, 중앙정부는 아예 섬에서 백성들의 거주를 금했던 것이다.

왜 섬으로 이주했을까?

　내륙지역의 유이민들이 정부의 도서정책을 위반하면서까지 섬으로 모여들었다. 그 이유는 무엇일까? 첫째, 토지다. 1538년 (중종 33)에 전라도 관찰사 김정국이 "진도목장에 사람들이 함부로 들어와서 전답을 경작하고 있습니다"[49]라고 보고했다. 즉 유이민들이 섬의 폐목장을 개간하여 사용하고 있다는 정보다. 그런데 얼마 지나지 않아 관찰사 김정국이 또 이르기를, "작은 섬에서 살던 백성들을 육지로 내보내면 아마도 떠돌이 신세가 되어 생업을 잃게 될 것입니다. 을유년(1538) 토지대장에 등록된 진도 지력산 목장의 전답은 목자들에게 나눠줘서 농사를 지어 먹도록 하고, 진도에서 오래 거주한 백성들의 경우 섬에서 그대로 살 수 있도록 해 주십시오"라고 제안했다. 이처럼 내륙지역 토지에서 밀려난 유이민들이 도서지역의 폐목장을 개간하기 위해 섬으로 모여들었던 것이다. 섬마을의 토지는 내륙지역 사람들을 섬으로 불러들이는 원동력이었다.

　둘째, 소금이다. 전근대 섬에서 생산된 소금은 '노동력에 비해 이익이 많은 산물'로 인식되었다. 실제 1437년(세종 19)에 호조에서 이르기를, "소금은 농사 다음이라고 합니다. 그러나 농사일은 1년 동안의 수고로움과 거듭되는 부역으로 괴로움을 호소합니다. 그런데 소금은 시일과 재력에 비해 이익이 많고, 세금 부담이 없기 때문에 게으른 무리들이 다투어 그 이익을 취합니다"라고 했다.[50] 이렇듯 소금은 농사보다 세금과 부역 부담이 없는 산물로, 도서 이주민들이 선호했다.

셋째, 고기잡이다. 서남해의 섬과 바다는 어로 활동에 최적지였다. 특히 진도 해역은 난류와 한류가 교차되는 지점으로 어업이 성행했다. 이러한 정황은 1446년(세종 28)에 예조참의 이선제의 보고에서 확인된다. 이선제가 이르기를, "고기잡이에도 역시 기술이 필요한데, 살[箭]을 매어 잡기도 하고, 그물로 잡기도 하며, 혹은 배를 타고 바닷물을 따라 낚아 잡기도 합니다. 잡는 수량이 많고 적음의 차이는 있지만, 서남이 더욱 많습니다"[51]라고 했다. 이렇듯 전라도 서남해역은 고기잡이에도 매우 유리했다.

넷째, 해산물이다. 서남해역의 해산물에 관한 정보는 1437년(세종 19)에 호조의 보고에서 확인된다. 호조에서 이르기를, "백성이 농사를 버리고 해산물로 이익을 취하는 것이 많습니다. 오늘날 바다에서 이익을 취하는 자가 날마다 늘어나니, 만약 금하고 억제하지 않으면 장차 이익[어업]을 쫓는 자가 많고, 근본[농업]에 힘쓰는 자가 줄어들 것입니다"라고 했다.[52] 이렇듯 연해변 백성들이 섬에 들어가 고기잡이와 해산물 채취 등 어로활동에

주력했다. 이런 까닭에 내륙지역의 유이민들이 생계를 위해 섬
으로 이주했다.

족보와 구술

누가, 언제, 그 섬에 정착했을까? 해당 섬을 대표하는 성씨
들의 『족보族譜』를 열람해 보면 섬마을의 주인공 이야기가 찾아
진다. 여기에 섬주민들의 구술에서 그 섬의 역사 이야기가 시작
된다. 일례로 전라도 나주목 비금도 강릉유씨의 입도유래를 소
개하면 다음과 같다.

필자가 비금도 강릉유씨의 『족보』를 열람한 것은 섬의 북쪽
에 입지한 내월리 내촌마을이었다. 내촌에 가장 먼저 정착한 성

그림 23 제보자와 구술
필자가 만난 제보자다. 연구자는 채록에 앞서
예를 갖췄다

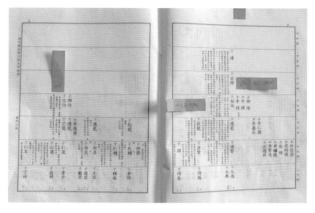

성씨와 족보
족보는 도서 이주민에 관한 내력
과 직계 후손들의 분파과정을 구
체적으로 전해 준다

씨가 강릉유씨였다. 강릉유씨는 본래 경기도에서 살았다고 한
다.[53] 임진왜란이 일어나자, 강릉유씨 비금도 입도조 유가劉家
(1567-1618)가 가문을 보존하기 위해 경기도 광주에서 전라도 장
흥으로 낙향했다. 그는 내륙 연안의 장흥에서 바다를 건너 비금
도에 이주한 것으로 확인된다.[54]

강릉유씨가 비금도에 처음 당도한 곳은 당두리 포구였다.
당두리는 비금도에서 가장 먼저 사람이 거주한 곳으로 전해 온
다. 그런데 20세기 초 비금도에 가산항이 새로 신설되면서 옛
포구가 있던 당두리는 중심부에서 가장자리로 밀려났다. 본래
당두리는 일명 '큰-당머리'와 '작은-당머리'라 칭했다고 한다.
과거 마을 수호신인 당산堂山의 신목神木으로, 큰-당머리는 본
처에 해당하고, 작은-당머리는 후처를 지칭했다고 한다. 조선
사회의 처첩제妻妾制가 섬마을 당산에도 반영되어 오늘날 지명

으로 구전되고 있다. 그런데 흥미로운 것은 당두리에 처음 정착한 비금도 강릉유씨 입도조 유가의 개인정보다. 『강릉유씨세보江陵劉氏世譜』에 따르면, "유가는 1567년 9월 18일에 태어났다. 1592년에 임진왜란이 일어나자, 유가는 종사宗祀를 보존하기 위해 나주 비금도로 피난했다. 1618년 10월 20일에 세상을 떠났다"라고 기재되어 있다. 이 기록은 단순히 한 개인의 출생과 사망에 관한 정보에 불과하지만, 강릉유씨의 비금도 이주시기를 추론할 수 있다는 점에서 주목된다. 즉 유가의 생존 시기가 1567~1618년이고, 유가가 경기도(광주)에서 전라도(장흥)로 이주한 다음, 다시 장흥에서 비금도로 입도한 시기를 입증해 주고 있기 때문이다.

후손들의 세거와 분파

육지에서 비금도로 입도한 유가는 초창기 당두리 포구 인근에 터를 잡았다. 포구는 가장 먼저 섬에 당도한 지점이자, 또 다른 섬으로 옮겨갈 수 있는 출구였다. 도서 이주민들은 해당 섬에서 어느 정도 적응할 무렵 살기 좋은 장소를 찾아 옮겨 다녔다. 점차 가족의 수가 늘어나면서, 인근에 새로운 정주 공간을 만들었다. 그러한 과정이 직계 후손들의 세거지에서 확인된다.

그림 25 비금도 상서마을 우물

우물은 과거 마을의 입지를 전달해 준다. 지금은 우물이 논에 있지만, 과거 식수를 제공하던 집터로 전해 온다

그림 26 비금도 내월리 내촌 우실, 신안군 제공

내촌(마을)과 하누넘(바다)을 가로지르는 지점에 돌담으로 만든 우실이 있다. 하누넘에서 내촌으로 불어오는 바닷바람을 막을 때 ᅟ는 물로 섬마을 사람들이 샛

비금도 강릉유씨 입도조 유가의 아들 유계이劉繼李가 당두

리(본가)에서 구기촌으로 이주하고, 후손 유삼소劉三素(1634-1696)

가 구기촌에서 한산촌으로 분가했다. 또 그의 후손 유시남劉時南

(1699-1786)이 한산촌에서 내촌으로 이거하고, 유재열劉載烈(1826-

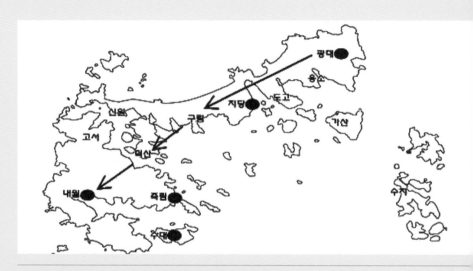

그림 27 비금도 강릉유씨의 후손 분파도

비금도에서 가장 오래된 포구가 광대리에 위치했다. 구전에 의하면, 광대리 당두마을에 처음 섬주민들이 거
주한 것으로 전해 온다. 20세기 초에 비금도의 부속도서인 가산도가 간척으로 인해 소멸되고, 대신 대규모 간
척지가 들어섰다. 그 간척지에 천일염전이 설치되었다. 이 염전을 비금도 사람들은 '시조염전' 혹은 '1호염전'
이라 부른다. 즉 천일염전이 신안군 관내에서 가장 이른 시기에 설립되었다는 것이다. 천일염이 비금도에서
생산되자, 변화의 물결이 일어났다. 옛 포구인 광대리 포구가 소멸되고, 새로 개설된 가산항이 물류의 중심지
로 부각되었다. 일례로 비금도 강릉유씨는 처음에 광대리 당두마을에 정착했다가, 직계 후손들이 구림리와
덕산리를 경유하여 내월리로 이주하여 오늘에 이른다

1888)이 내촌에서 월포로 옮겨갔다. 이러한 이주사가 『강릉유씨세보』에서 확인된다. 결국 비금도 강릉유씨는 당두리(1567-1618) → 구림리 구기촌 → 덕산리 한산촌(1634-1696) → 내월리 내촌(1699-1786) → 내월리 월포(1826-1888)" 등지로 분파하는 과정이 검출된다. 이처럼 도서 이주민들의 입도 유래가 시기별·도서별·성씨별로 축적될 때 누가, 언제, 어떤 이유로, 그 섬에 당도하고, 그의 직계 후손들이 섬의 어디로 분파해 나갔는지 섬주민들의 생활사를 추론할 수 있다.

실제 조선 후기 내륙지역 유이민들이 서남해 도서지역으로 이주한 사례연구에 따르면, 입도유래 총 129건을 분석한 결과 16세기 초 육지에서 섬으로 이주한 사례가 6건(5%), 17세기 55건(41%), 18세기 60건(47%), 19세기 8건(8%) 순으로 확인되었다. 결국 서남해 도서지역 주민들의 입도시기는 17-18세기에 집중적으로 이루어졌음을 알 수 있다.[55]

이러한 실태는 조선 정부의 기록에서도 확인된다. 1706년 (숙종 32)에 우수사 변시태邊時泰가 "우리나라 도서를 늘어놓고 보면 호남이 으뜸입니다. 근래에 인구가 날로 증가하고, 여러 섬의 호구戶口가 해마다 증가하고 있습니다"라고 보고했다. 이러한 도서지역의 인구 증가 양상은 실제 조선 정부의 지방제도에 그대로 반영되었다. 즉 서남해역 섬마을의 행정편제가 리

里·동洞·촌村으로 편성되고, 일부 군현에서는 "제도면諸島面"이라는 새로운 편제가 확인된다.[56] 일례로 진도군 제도면의 경우 29리, 591호, 1997명이 편성되고, 부속도서는 마진도·가사도·사리도·저도·석남도·옥도·눌옥도·나배도·진목도·독거도·대목도·서거차도·동거차도·맹골도·보매도·관청도 등이 편제되어 있다. 그런가 하면 전라도 내륙지역 장흥부 제도면의 경우 24리, 713호, 2035명이며, 부속도서로 내덕도·평일도·소랑도·일산도·가이도 등이 편성되어 있다. 역대 지리지에서 섬을 단위로 하여 행정편제를 단행한 사례가 18세기 군현에서 확인된다.

이와 같이 조선 숙종 때 서남해 도서지역의 인구가 증가하자, 중앙정부는 도서정책을 수정했다. 그것은 조선 전기 이래로 섬에서 주민들의 거주를 금했던 정책을 수정한 것이다. 즉 섬에서 주민들의 거주를 허용하고, 대신 섬주민들도 세금부과 대상자로 편성한 것이다. 조선 정부는 도서지역 주민들에게 섬과 바다에서 채취한 산물에 대해 국가에 상납하도록 했다. 그리하여 17-18세기 전라도 서남해역의 섬사람들은 토지와 바다, 갯벌과 어장, 포구와 선박, 어염과 해산물, 그리고 종이세 등에 이르기까지 다양한 종류의 세금을 부담했다.

섬에 동성마을이 있다

전근대의 섬주민들은 "농자農者 천하의 대본"이라는 조선의 정치이념에 적극 호응했을까? 흔히 임란을 전후로 하여 내륙의 토지에서 밀려난 사람들이 새로운 공간을 찾아 섬에 입도한 것으로 전해 온다. 예외적으로 유배인처럼 본인의 의지와는 상관없이 강제로 섬에 들여보내진 사람도 있고, 오직 바닷일에 종사하기 위해 스스로 섬을 찾아온 사람도 있었다. 이렇듯 저마다 개인의 사정과 형편에 따라 섬으로 이주하여 정착했다. 이런 까닭에 섬마을은 여러 성씨가 모여 사는 이거잡성移居雜姓일 가능성이 높다. 그런데 전근대 나주목의 부속도서인 암태도에 김해김씨 동성마을이 있어 주목된다. 심지어 암태도 김가金哥는 '백석꾼' 혹은 '백석지기'로 불리는 중소지주로 평가되고 있다. 암태도 김해김씨가 동성마을을 형성하여 소위 지주로 성장한 이야기를 들어보자.

생기미로 입도한 김가네

전근대 암태도는 일찍이 역사 무대에 등장했다. 조선이 건국된 지 10여 년이 되었을 즈음에 "왜선 9척이 암태도에 출몰하자, 염간鹽干(소금 굽는 사람) 김나진金羅進과 갈금葛金 등 20여 명이 추격하여 사로잡아 돌아왔다"라는 기사가 확인된다.[57] 물론 당시 '소금 굽던 사람이 김씨였다'라는 정보가 매우 흥미롭다. 그러나 상세한 내용을 파악할 수 없다. 이 사건 이후 암태도에 국용 조달을 위한 송전과 목장이 설치되었던 것으로 보인다. 왜냐하면 1493년(성종 24) 호조의 보고에 "대방부부인帶方府夫人 송씨가 암태도 목장을 헌납하고, 그 값을 받고자 합니다"[58]라고 했다. 이에 성종이 호조에 이르기를, "집을 헌납한 사람의 전례에 의거하여 적당한 값을 헤아려 주도록 하자"라고 명했다. 그런가 하면 1448년(세종 30) 병조에 의하면, 소나무 관리 감독에 관한 문제로, 암태도·도초도·안창도·기좌도·팔시도(현 팔금도)·하의도 등이 논의된 바 있다. 이렇듯 15세기 암태도는 송전과 목장이 설치되었던 섬으로, 주민들의 장기 거주 공간으로는 적합하지 않았던 것으로 보인다. 더욱이 조선 정부는 국가 통제가 미치지 않는 서남해역의 섬과 바다에서 주민들의 거주를 금지한 상태였다. 암태도 섬 답사에서 여러 성씨들의 족보를 열람하고 구술을 채록했지만, 암태도 김해김씨 직계 선조들의 이주에 관한 자세한 정보는 발굴할 수 없었다.

그 후 암태도 김해김씨의 입도유래가 수집된 것은 17세기 중엽이다. 그 흔적이 암태도 익금리 대치동에 있는 「김해김씨

그림 28 암태도의 포구

암태도에는 동서남북에 중심 포구가 설치되어 있었다. 즉 생기미선창, 오도항, 벗섬선창, 남강포구, 북강포구 등이다

세장산비」에서 확인된다. 이 비문에 의하면, 서남해역의 섬으로 입도한 김씨네 유래가 확인되고 있어 흥미롭다. 그 전모는 이러하다. "김해김씨는 본래 경기도 용인에서 살았다. 1636년 (인조 14)에 청나라가 조선을 침입하자, 김한징金漢澄(1612년생)이 어린 아들 두 명을 등에 업고 전라도 해남으로 피난 왔다"라고 써 있다. 이것은 김해김씨 해남 입향조가 김한징이고, 그가 피난 올 때 등에 업고 왔던 두 명의 아들이 김중선金重善(큰아들)과 김봉선金奉善(작은아들, 1634년생)이다. 즉 김중선이 매화도(현 신안군 압해면)로 입도하고, 김봉선이 암태도(익금리)에 정착한 것으로

확인된다.[59] 실제 암태도 입도조 김봉선의 무덤이 익금리 김해 김씨 문중 선산에 봉안되어 있다.

왜 김해김씨는 암태도 생기미에 정착했을까? 그 이유는 '생기미'라는 지명에서 실마리가 찾아진다. 암태도 익금리는 '생기미, 복수동, 익금' 등 3개의 자연촌으로 이루어졌다. 이 가운데 생기미는 육지와 섬을 연결하는 옛포구가 입지하고, 또 섬주민들의 생명수라 할 수 있는 샘이 있던 마을이다. 본래 전라도 지명유래 가운데 바다로 뾰족하게 내밀고 있는 부분을 '기미' 혹은 '구미'라 부른다. 그 지형의 형태가 '물고기 지느러미처럼 생겼다' 하여 붙여진 어원이다. 바로 암태도 생기미가 바다로 돌출되어 있어 섬에 접안할 수 있는 포구의 기능을 수행했다. 그래서 목포항에서 출발한 선박이 암태도에 당도하여 섬사람들을 하선시키고, 또다시 뱃길을 따라 자은도 주민을 하선시킨다. 이렇듯 생기미는 전근대 섬과 섬, 섬과 육지를 연결하는 교통의 요충지에 입지하고 있었다.

21세기 섬과 육지를 연결해 주는 연육·연도교가 건설되어 '목포-압해도-암태도-자은도-팔금도-안좌도-반월·박지도' 등의 크고 작은 섬이 자동차로 왕래하고 있다. 앞의 【그림 28】에서 보듯이, 암태도는 생기미선착장 이외에도 오도항, 북강나루, 도창포구, 남강포구 등이 개설되어 있어 사방으로 연결되는 네트워크가 형성되어 있다. 이런 까닭에 암태도 김해김씨가 생기미에 터를 잡아 정착했던 것이다. 점차 인구가 늘어나면서 익금리 일대에 세거지를 마련한 것으로 보인다. 그래서일까? '익금리' 지명을 한자로 표기할 때 '익금益今' 혹은 '익금益金' 등으로 기재하고 있어서 흥미롭다. 이러한 암태도 김해김씨가 익금리에 동성마을을 형성하게 된 결정적인 계기가 바로 간척이었다.

현전하는 익금리 광두언 간척문서

암태도 익금리에 광두언이 있고, 제방 축조와 관련된 간척문서가 전승되고 있다. 광두언은 익금리 서쪽 바닷가 '생기미선창, 큰-너벅섬, 작은-너벅섬, 신석리' 등을 연결하는 제방이다. 이 제방을 '광두언' 혹은 '광도언'이라 부른다. 현전하는 광두언 간척문서를 소개하면 다음과 같다.[60]

①「익금광두언문기」(1933-1962): 1933년부터 1962년까지 연대순으로 간척지 작인들의 명단, 계전의 운용 (수입과 지출) 등이 기재되어 있다. 주된 내용은 제방을 축조한 사람들을 '작인作人'이라 칭하여 그 명단이 정리되어 있다. 또 제방을 관리하는 임원명단, 제방

과 농경수를 관리하는 보주保主 등이 확인된다. 또 광두언 작인들은 계모임을 조직하여 공동기금을 마련했다. 이름하여 계전인데, 주로 지출한 항목은 임야세, 수문 고사, 계원들에 대한 부조금, 그리고 방채전放債錢으로 곗돈을 계원에게 융자해 주고 받은 이자 관련 정보가 구체적으로 기재되어 있다.

② 「방조제 대장」: 제방의 위치와 작성 시기가 기록되어 있다. 대체로 20세기 전반에 생존했던 인물의 명단을 통해 해당 방조제의 연원을 추론할 수 있다. 예컨대 방조제 관리자로 등재된 이○용의 출생이 1927년이면, 이것을 기준으로 개별 방조제의 축조 시기를 추론할 수 있다.

③ 「수리시설관리대장」: 방조제의 위치, 조성시기, 평면도, 수혜면적, 간척지의 지목地目(토지·염전·배수갑문) 등이 기재되어 있어 암태도에 분포하고 있는 간척지 관련 정보를 파악할 수 있다.

현전하는 익금리 간척문서는 참여 구성원을 알 수 있는 작인 명단, 간척지를 조성할 때 가장 먼저 공사에 착수했던 방조제 대장, 그리고 생명수를 관리하는 수리시설 등이다.

이제 현전하는 암태도 광두언 간척문서를 통해 김해김씨 이야기를 재구성해 보자. 먼저 광두언 관리에 참여하고 있는 계원이다. 다음 【그림 29·30】에서 보듯이 광두언의 작인 명부이다. 표지에 『익금광두언작인씨명益今廣頭堰作人氏名』이라 기재되어 있고, 내표지 첫 줄에 「작인씨명」이라 써 있다. 그다음 작인 명단이 등재되어 있다.

암태도 익금리 광두언에 참여한 사람들은 제방 관리를 목적으로 계를 조직했다. 계원은 광두언 건설로 조성된 간척지를 경작하던 작인들이다. 작인의 수는 시기마다 차이가 있었다. 아마도 간척지를 분할하여 경작했거나, 아니면 신규 가입한 계원이 등록된 결과라 생각된다. 시기별·성씨별 작인들의 추이를 살펴보면, 1933년에 작인 22명이 등재되어 있는데, 이 가운데 김씨가 16명으로 72%를 점유하고 있다. 또 1939년에는 총 58명 가운데 김씨가 43명으로 74%이고, 한국전쟁이 일어난 1950년에는 작인 67명 가운데 김씨가 47명으로 70%로 확인된다. 이로써 보건대 1933-1950년에 걸쳐 작인 점유율 평균 70% 이상이 김씨다. 이런 까닭에 익금리 대표 성씨로 인식해도 무방할 것 같다. 이외에 홍씨·윤씨·고씨·설씨·문씨·박씨·손씨·이씨·최씨·강씨·양씨·송씨·서씨 등이 작인 명부에 등재되어 있지만, 수적으로 미미한 수준이다. 광두언 작인들은 김해김씨 동성마

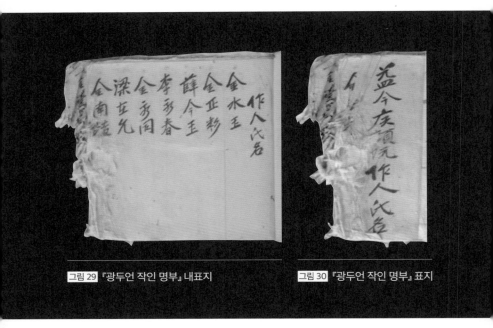

그림 29 『광두언 작인 명부』 내표지   그림 30 『광두언 작인 명부』 표지

을에서 거주했다.

백석꾼·백석지기로 성장한 김해김씨

서남해 섬마을 답사에서 필자가 수집하는 기본정보는 인물에 관한 이력이다. 누가, 언제, 왜, 그 섬으로 입도하여 정착했을까? 이러한 질문은 필자의 섬연구의 화두인 '그들은 그 섬에서 어떻게 살았을까?'라는 맥락으로 연결된다. 이것은 섬과 바다 관련 기록의 한계를 해당 섬의 역사와 문화를 통해 재구성하

려는 필자의 의도이기도 하다. 이러한 목적에서 섬주민들에게 구술을 채록할 때 제보자에게 쉽게 이야기를 끌어낼 수 있는 단초가 성씨와 혼인이다. 성씨란 섬주민의 거주 공간을 파악하기 위함이고, 혼인은 사람의 이동과 문화 변동의 요인을 추론할 수 있기 때문이다. 섬주민들이 성씨를 논할 때 긍정적인 반응을 보인 성씨는 단연 김해김씨다. 이러한 이미지는 아마도 암태도 내에서 구전되고 있는 만석꾼·천석꾼·백석꾼에서 비롯된 것으로 여겨진다.

그런데 흥미로운 사실은 암태도 지주들이 정착했던 마을과

그림 31 1939년 11월 17일 『간척문기』

문서 첫 줄에 "기묘년(1939) 11월 17일 수계안으로, 지출 회계를 기록한다"라고 써있다. 올해(1939) 수입은 182량 66전이다. 세부 내역을 살펴보면 ① 182량 66전은 지난해(무인년, 1938) 원금, ② 18량 47전은 식리전, ③ 14량은 염전부지 매도대금, ④ 76량 30전은 추송機松 매도대금이다. 이 가운데 지출은 120량 94전이다"라고 기재되어 있다. 이로써 보건대 1939년 11월 17일은 음력으로 추정되며, 연말에 계원들이 한자리에 모여 예산을 결산하고, 그 내용을 계책에 정리한 것으로 이해된다

문전옥답의 입지가 정확히 일치하고 있는 점이다. 【그림 32】에서 보듯이, 암태도 간척지는 크게 3개의 권역으로 구전되었다. 즉 섬의 북쪽에 입지한 '익금리권', '도청리-단고리-장고리-와촌리'에 집중되어 있는 '면사무권', 그리고 부속도서인 '추포도권' 등이다.

먼저 익금리의 문전옥답은 김해김씨 동족마을을 형성하는 원동력으로 작동했다. 다음 면사무소를 중심으로 한 도창리·단고리·장고리·와촌리 일대의 간척지다. 암태도 내에서 간척지로는 가장 최대 규모에 해당한다. 도창리는 옛날 세곡을 보관했던 창고가 있었고, 한때 암태면사무소가 입지했다. 또 1924년

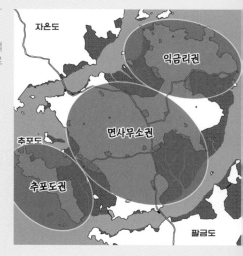

그림 32 암태도 문전옥답의 분포도

섬주민들이 암태도 지주를 말할 때 익금리는 백석꾼, 면사무소권은 만석꾼, 추포도권은 천석꾼으로 전해 온다

에 토지소작쟁의가 일어났던 무대이기도 하다. 마지막으로 추포도의 농경지는 가장 적은 노동력으로 가장 넓은 농토를 얻은 사례다. 추포도는 포도와 추엽도를 통합하면서 붙여진 지명으로, 2개의 섬이 간척으로 인해 한 개의 섬이 되었다. 과거 추포도로 건너가는 길은 간조 때 수곡리 갯벌에 설치되어 있던 노두露頭를 이용했다. 이 노둣길을 따라 수곡리 주민들이 추포도를 오가며 농사를 지었다고 한다.[61] 암태도 지주 가운데 소위 '천석꾼'이라 부르는 영양천씨의 문중 선산이 추포도에 있다. 추포도 농지는 갯고랑을 따라 유입하는 작은 물줄기를 차단하여 대규모 농지를 확보한 것으로 보인다. 그래서 추포도 농경지는 간척지라기보다 문전옥답에 가깝다. 이러한 천혜의 농토는 천씨네를 천석꾼 반열에 올려놓았다.

이처럼 익금리, 면소재지, 추포도 일대의 농토를 소유한 사람들을 소위 '암태도 지주'라 칭했다. 즉 '김해김씨는 백석꾼, 영양천씨는 천석꾼, 남평문씨는 만석꾼'이라 불렀다.[62] 이 가운데 천씨와 문씨는 일제강점기 때 소작인과의 갈등이 극심했던 반면 김해김씨는 소작농들과 적대적이지 않았던 것으로 전해 온다. 이런 까닭에 김해김씨는 암태도 전역은 물론 서남해 도서지역에서 친족 집단으로서의 위상이 정립된 것으로 여겨진다.

전통시대의 도서 이주민들은 초창기 문전옥답 주변에 마을을 형성하여 정착했다. 점차 보다 넓은 농토를 확보하기 위해 바닷가에 제방을 쌓았다. 처음 쌓은 제방을 구언舊堰이라 하고, 그 너머에 새로 쌓은 제방을 신언新堰이라 칭했다. 구언과 신언의 크기에 비례하여 간척지의 규모도 그만큼 확장되었다. 근대로 접어들면서 소위 방조제 준공과 함께 대규모 간척지가 조성되었다. 간척지는 주로 농지로 이용되었지만, 점차 수익률이 높은 염전으로 지목을 변경했다. 섬마을의 농지와 염전은 주민들의 경제기반을 반농반어의 생활을 가능케 하는 동력으로 작동했다.

20세기 초 암태도에서 소작쟁의가 일어났다. 1923년 8월, 일본의 저미가低米價 정책으로 타격을 입은 지주들이 소작인들에게 7-8할의 소작료를 부과한 것이 발단이었다. 그리하여 동년 12월에 섬주민들은 소작인회를 조직하여 '소작료 4할 인하', '소작료 운반비 공동 부담' 등을 제안했다. 이 사건은 당시 『동아일보』를 비롯하여 언론 매체를 통해 널리 알려졌다. 결국 암태도 지주와 소작인들은 소작료를 4할로 인하하는 데 동의하고, 전년도 미납 소작료는 2년 분할로 상환한다'라는 조정안에 합의했다. 이러한 시대적 배경 아래 소위 암태도의 대지주라 불렸던 영양천씨와 남평문씨는 새로운 공간을 찾아 육지로 출륙했고, 소위 중소지주라 칭했던 김해김씨는 다도해를 대표하는 성씨로 그 위상을 정립한 것으로 확인된다.

민民의 목소리

　섬 중의 섬, 흑산도. 흑산도에는 그 흔한 논이 없다. 소위 불을 질러 만든 화전火田이 산자락에 얹혀 있을 뿐이다. 그래서 전근대 흑산도 사람들은 오직 어업에 종사하여 섬살이를 했다. 그나마 고기잡이를 할 수 있는 여름철은 생계를 유지할 수 있었지만, 문제는 바닷일을 할 수 없는 겨울이었다. 그래서 흑산도 사람들은 겨울철이면 육지로 나가 고공雇工으로 살았다. 이런 형편임에도 불구하고, 중앙정부는 흑산도 주민에게 각종 세금을 부과했다. 그중에서 가장 감당하기 어려웠던 세금이 종이세였다. 그래서 흑산도 주민 김이수(1756-1805)가 섬마을의 세금문제를 국왕 정조에게 호소했다. 김이수, 그는 누구이고, 어떻게 정조를 만났을까? 18세기 민권운동가 김이수를 소개한다.

흑산도 주민 김이수, 정조의 어가를 가로막다

　섬주민 김이수가 서울 한복판에서 꽹과리를 쳤다. 이제 막

노량진에서 숭례문으로 향하려던 정조의 어가가 그 자리에 멈췄다. 국왕 정조는 수원 행궁 행차 때마다 백성과 소통하기를 원했다. 그리하여 글을 아는 선비는 문서로 민원을 올리도록 하고, 문자를 모르는 백성은 꽹과리를 쳐서 억울함을 호소하도록 했다. 이 제도를 '부딪칠 격擊', '쇳소리 쟁錚'을 써서 '격쟁'이라 칭한다. 격쟁의 방법은 왕이 궐 밖으로 나설 때 백성이 징·북·장구·꽹과리 등을 치면, 발언의 기회가 주어졌다. 격쟁은 조선 후기의 신문고와 비슷하여 백성이 왕에게 민원을 올릴 수 있는 열린 정치를 그대로 보여 준다. 섬주민 김이수는 왜 정조 임금을 만나려 했을까?

1791년 1월 14일, 정조는 3일 후로 예정된 현릉원(사도세자의 원소) 행차에 대해 대신들과 함께 논의했다. 정조는 해마다 정월에 대소 신료들과 함께 생부 사도세자의 무덤에서 작헌례酌獻禮를 올렸다. 그러나 겨울 한파 속에 서울에서 수원까지 2박 3일의 능행은 결코 쉬운 일이 아니었다. 더욱이 정조의 마음을 가장 불편하게 만든 것은 동행하는 신료들의 복장이었다. 엄동설한, 어가를 따르는 신하들이 머리에 수 개의 깃털을 꽂고, 허리에는 화살통과 칼을 차고 행군했다. 이처럼 신하들의 의상이 복잡하게 된 것은 어느 해 보리농사의 풍년 때문이었다. 왕은 기쁜 마음을 농부들에게 전하고 싶었다. 그래서 행군하는 신료들

그림 33 〈화성능행도병풍〉, 국립고궁박물관 소장

왕이 궐 밖으로 행차할 때 백성은 자신의 억울한 사정을 문서로 작성하거나, 꽹과리를 쳐서 왕에게 억울함을 호소할 수 있는 발언 기회를 얻었다. 아래 확대한 그림에서 '붉은 옷을 입은 관리'에게 '흰옷을 입은 백성'이 종이에 쓴 진정서를 전달하는 모습이 보인다

그림 34 〈화성능행도병풍〉, 국립고궁박물관 소장

의 머리에 보리 이삭을 꽂도록 했던 것이다. 그런데 이런 행위
가 의례로 발전하여 왕의 행차 때마다 신하들의 머리 장식이 날
로 화려해졌다. 그래서 정조는 이번 능행부터 신료들의 복장을
최대한 간소하게 할 것을 비변사에 주문했다. 이렇듯 정조는 백
성과 소통하고, 실용을 추구하는 군주였다.

토지세·고등어세·청어세·기와세·종이세

　　조선시대 흑산도는 전라도 나주목의 부속도서로 편제되었
다. 흑산도의 입지는 서해의 끝자락에 위치하여 해난사고를 당
한 표류민, 바닷길을 쟁패한 해적, 그리고 섬주민에 대한 행정
및 해양방비를 목적으로 수군이 파견되었다. 바로 흑산진黑山鎭
이다. 흑산진의 우두머리가 수군진장水軍鎭將이다. 수군진장의
임무는 섬주민에 대한 행정기능과 해양방비의 기능을 최우선
으로 삼았다. 흑산진의 상급관부는 전라우수영, 나주목, 전라
감영, 훈련도감 등이고, 섬주민들은 매년 중앙과 지방의 관부에
각종 세금을 납부했다. 이런 까닭에 흑산도 주민들은 이중과세
에 시달렸다. 이러한 흑산도 세금문제가 『김이수전』에 자세히
전해 온다.
　　『김이수전』은 1813년(순조 13)에 대둔도(흑산도의 부속도서) 주

민 김광은에 의해 필사되었다. 김광은은 김이수를 추종했던 섬 주민이었다. 그는 김이수가 문서를 작성하여 상급 관아를 방문할 때 항상 동행했던 인물이다. 김이수가 작성한 진정서에는 흑산도 주민들의 생활과 부세로 인한 고충이 그대로 담겨 있다. 예컨대 1767년(영조 43)에 작성된 절목節目에 "섬주민들이 기와를 만들어 육지로 운반해야 하는 기와세"에 관한 것, 1772년(영조 48) 고등어세는 "밤에 햇불을 밝히고 낚시로 잡는 고등어세의 부당함"을 지적했다. 또 1783년(정조 7) 절목에는 "보리 베고 콩을 심은 밭에 부과된 이중과세", 1789년(정조 13)에 작성된 청어세 관련 소장에는 "청어의 어획량이 거의 없는데, 섬주민들에게 장기지속적으로 부과되고 있는 청어세"의 문제를 지적했다. 흑산도 주민들이 가장 힘들어했던 세목은 1791년(정조 15)에 작성한 종이세였다. 흑산도는 역대 지리지에 '닥나무 산지'로 등록되어 있었다. 이런 까닭에 흑산도 주민들은 종이세로 인한 사회문제가 매년 발생했다. 특히 흑산도는 한 때 닥나무 산지로 등록되었지만, 실제 흑산도에서 자생하던 닥나무가 절종되면서 섬주민들의 세금 부담이 가중되었다. 왜냐하면 흑산도 주민들은 닥나무가 절종되자 닥나무를 구입하러 육지로 출장을 나갔고, 이로 인한 체류비가 소요되면서 종이세 부담이 날로 심각한 사회문제로 확대되었다.

그리하여 김이수는 흑산도 주민들의 고충을 말단 행정기구인 흑산진에 호소했으나 수군진장이 해결할 수 있는 사안이 아니었다. 그래서 김이수는 수군진의 상급관부인 전라우수영, 나주목, 전라감영 등에 차례로 민원을 제기했다. 마침내 전라감영에서 중앙의 훈련도감에 보고했다. 그러나 중앙관부는 부세의 원칙만 언급할 뿐 흑산도 주민들의 민원을 나주목에 반려하는 것으로 일단락되고 말았다. 이에 김이수는 마지막 수단으로 한양 천 리 길을 달려가서 국왕에게 격쟁을 올린 것이다.

18세기 흑산도 주민들이 세금으로 인한 사회문제에 대해 어떻게 대응했는지 그 과정을 소개하면 다음과 같다.

섬주민의 발언: 저희가 살고 있는 흑산도에는 훈련도감의 둔토 120결이 있습니다. 매년 1결당 6석씩 상납한 것이 오랫동안 관례입니다. … 그런데 흑산진에서 똑같은 방법으로 세금을 거두니, 이것이 이중과세가 되어 원통하기 그지없습니다. 여기에 세곡을 배에 옮겨 실을 때 선박세 250량을 또 부과하니, 이 또한 첩세입니다.

수세 감관 황린黃隣과 색리 문익겸文益謙의 변론: 흑산도·우의도·홍의도 등 3섬에 훈련도감의 둔전 121결이 있습니다. 이 가운데 8결 6부 8속은 흑산진 부대시설의 대지와 진속들의 급료로 지급하고, 그 나머지가 112결 93부 2속입니다. 그중 절반인 56결 46부 6속은 1결에 겉보리 6석씩 여름에 받는 세곡으로 총 338석입니다. 이 가운데 66석은 훈련도감에 상납하고, 154석은 상납 시 잡비로 사용되며, 24석은 흑산진장의 1년 봉급이고, 그 나머지 93석은 별장의 공사비로 충당됩니다. 또 56결 46부 6속에 대해 1결당 겉피 6석씩 가을에 받는 세곡이 총 338석인데, 157석은 훈련도감에 상납하고, 44석은 상납 시 소요되는 잡비이며, 43석은 흑산진장과 노비, 목마 등에 따른 비용이고, 94석은 별장의 공사 비용으로 충당됩니다. 오늘날 보리와 피의 수세는 훈련도감에서 처음 정한 규칙입니다. 보리밭에서 보리를 베고 콩을 심은 것은 1년에 두 번 이용하는 땅이므로, 예로부터 1결에 6석씩 흑산진에서 세금을 거둬 공사비용으로 충당해 왔습니다.

주민 문처겸과 김이수의 변론: 흑산진 별장別將이 수세한 곡식을 훈련도감에 납부하고 나면, 남은 보리와 피

흑산도 사리마을

흑산도는 본래 논이 없고, 산기슭을 일궈 만든 자갈밭에 씨를 뿌렸다. 전통시대 흑산도 주민들은 보릿고개를 넘기 위해 겨울에 육지로 나왔다가, 바닷일을 시작할 즈음에 섬으로 들어갔다. 사진은 흑산도 사리마을 전경이다. 마을 길 위쪽에 신유옥사(1801) 때 흑산도로 유배된 손암 정약전의 배소(산자락 맨~지붕)가 보인다

가 각각 100석 정도 되니 그만하면 족할 것입니다. 그런데 보리밭에 심은 콩을 재경再耕이란 구실로 세금을 부과하여 사사롭게 첩징疊徵[거듭 징수]한 것이 330-340석이나 됩니다. 이미 보리로 세곡을 받고, 또 콩으로 세금을 받으니, 이것이 같은 땅에서 두 번 받는 세금입니다. 관결官結[관아에서 내리던 처분]은 말할 것도 없고, 각 아문의 둔전에서도 없는 일입니다.

관의 명령: 섬에 사는 주민들이 농사로 얻는 소득과 바다에서 생산되는 것을 살펴보니, 그 이익이 모두 예전만 못하다. 보리와 피의 수납에 응하는 것도 감당하지 못할 형편인데, 과외의 이중과세를 면제받고자 노력하는 것이 형편상 당연한 일이다. 또 흑산진 별장의 경우도 여러 해 벼슬길에 다니다가 천 리 밖 바다 한가운데 부임하여 1년 동안 봉급과 비용으로 세금을 바치고 남은 피곡은 수 백석뿐이라면 해당 수군진의 모양이 잔박함을 가히 생각하지 않을 수 없다. 그리고 흑산도가 다른 지방과 차이가 있고, 상부에서 이미 정한 법이 있는데, 콩세를 마음대로 이중과세한 것은 부당한 일이다.

이렇듯 18세기 섬주민 김이수와 문처겸 등은 흑산도에서 훈련도감에 납세하는 둔전의 규모와 흑산진의 재정 상황을 상세히 파악하고 있었다. 심지어 훈련도감의 상납미와 잡세, 흑산진 객사의 대지坐地 규모, 흑산진 소속 관리들의 봉급, 노비와 목마의 수용비에 이르기까지 지출 항목과 내역을 자세히 제시하고 있다. 이처럼 섬주민들의 이의 제기는 흑산진은 물론 상급관청에서도 반론을 제기하지 못할 정도였다. 섬사람들은 관의 명령

에 따라 부세에 응할 수밖에 없는 처지였지만, 도서지역의 사회
문제를 합법적인 절차에 따라 적극적으로 해결방안을 모색하
고 있었다.

좌의정의 판결, '손상익하損上益下'

국왕 정조는 흑산도 주민들의 격쟁에 대해 좌의정 채제공
(1720-1799)으로 하여금 해결하도록 명했다. 1791년 5월 22일,
4개월 동안 실시된 현장 조사 결과 좌의정 채제공이 다음과 같
이 보고했다. "흑산도는 땅이 척박하여 닥나무 뿌리가 없어졌
는데, 매년 종이를 상납할 때마다 어른, 아이 가리지 않고 8세
부터 40세까지 남정에게 닥나무 껍질 1만 2900근이 부과됩니
다. 돈으로 환산하면 약 500냥입니다. 이것은 매우 잘못된 규례
입니다. 외딴섬의 민폐를 변통하지 않을 수 없으니, 섬주민들
의 종이세 상납을 영원히 혁파하고, 대신 중앙관청의 종이세는
호조에서 대신 지급하도록 하면 어떻겠습니까?"라고 제안했다.
좌의정의 의견은 정조의 개혁정책에 부합하는 조처였다. 정조
의 정치이념은 '손상익하'를 원칙으로 삼았다. 즉 '윗사람이 손
해를 보고, 아랫사람을 이롭게 한다'라는 왕도정치를 구현한 것
이다. 마침내 흑산도 주민들의 종이세가 영원히 혁파되었다.

그림 36 「1791년 김이수의 원정原情」

신해년(1791) 김이수는 흑산도 주민에게 부과된 종이세의 폐단을 작성하여 관에 진정서를 제출했다. 이 문서는 섬주민들의 부세 문제를 조목별로 작성한 문서라는 의미로 절목節目이라 칭한다.

　　김이수가 한양에서 격쟁을 올려 흑산도 주민들의 민원을 해결하고 돌아오자, 섬주민들은 김이수의 노고에 감사하는 마음을 표했다. 그것은 흑산도 인근 중죽도 해역의 미역 채취권을 김이수에게 포상한 것이다. 훗날 김이수가 세상을 떠나자, 섬주민들은 김이수의 장례를 주민장으로 모셨다고 한다. 김이수에 대한 섬주민들의 신의가 얼마나 두터웠는가를 가히 짐작케 한다.

　　이렇듯 18세기 흑산도 주민 김이수는 섬사람들의 절박한 사정을 호소하기 위해 국왕 정조를 직접 만난 것이다. 평범한 백성이 단지 쇠를 쳐서 어가 행렬을 가로막은 것이다. 이 사건은

역사상 최초로 왕과 백성의 가장 극적인 만남이었을 것으로 여겨진다. 민원을 해결하기 위해 천 리 길을 달려간 섬주민, 백성의 목소리를 직접 듣기 위해 격쟁을 마련한 정조의 왕도정치가 오늘날 우리에게 시사해 주는 바가 크다.

한양 출신 노수신의 진도 유배생활

전근대 유배란 죄인을 사회로부터 격리하는 형벌이었다. 그런데 21세기 섬주민들의 유배에 대한 인식은 그렇게 부정적이지 않다. 필자가 현장답사에서 해당 섬마을의 대표 성씨와 인물에 대해 질문해 보면, 열에 아홉은 유배와 관련지어 답변하곤 한다. 그들의 발언은 곧 '나는 유배인의 자손입니다'라는 뜻을 내포하고 있다. 심지어 전라도 사람들은 '유배'에 '문화'를 접목해 '유배문화'를 논한다. 왜 스스로 유배인의 후손임을 자처하고 있는 것일까? 왜 입도유래에 대해 구전을 찾아보거나 족보를 제시하지 않고 선뜻 유배와 관련지어 답변할까? 왜 유배에 대한 인식이 긍정적일까? 이제 16세기 진도에 정배된 한양 출신 노수신(1515-1590)의 유배생활을 재구성해 보자.

을사사화와 노수신

노수신은 1515년(중종 19)에 한양 낙선방(현 인현동)에서 태어났다. 그는 두 분의 스승에게 학문을 배웠다. 첫 번째 스승은 17세에 만난 탄수 이연경(1484-1548)이다. 탄수의 문하에서 수학한 노수신은 20세 때 생원·진사 시험에서 모두 합격했다. 두 번째 스승은 회재 이언적(1491-1553)이다. 노수신은 평소 흠모했던 회재를 찾아가서 예를 갖추고 그의 문하생이 되었다. 노수신은 29세에 문과 급제하여 성균관 전적에 임명되고, 사가독서賜暇讀書의 은전을 입었다.

조선 명종이 즉위하자, 을사사화가 일어났다. 노수신의 스승 이언적이 사화에 연루되어 희생되었다. 그의 제자였던 노수신도 전라도 순천에 유배되었다. 그런데 1547년(명종 2)에 노수신의 스승이자 장인이었던 이연경이 경기도 양재역 벽서사건에 연루되어 유배형을 선고받았다. 이때 노수신의 죄목이 가중되어 순천에서 진도로 이배되었다.[63]

1547년(명종 2) 9월, 노수신이 유배지 진도에 당도했다. 그의 나이 32세였다. 노수신이 정배된 진도는 일찍이 '유배의 섬'으로 활용되고 있었다. 이러한 사정은 16세기 중엽에 전라도 관찰사 김안국金安國의 상소에서 확인된다. 김안국이 이르기를,

"진도는 전국에서 보내진 유배인들로 인해 피폐할 지경입니다"
라고 했다. 이러한 시절에 한양 출신 노수신이 전라도 진도에
정배된 것이다. 노수신은 유배 초기 진도읍 동외리 남문 일대에
배소를 마련했다. 훗날 노수신이 세상을 떠나자, 진도 유생들이
공의 위패를 봉안할 사우(祠宇) 건립을 의논했는데, 당시 후보지
로 거론되었던 곳이 읍내 동외리 일원이었다.

　　1552년(명종 7) 노수신은 진도읍에서 지산면으로 배소를 옮
겼다. 지산면 안치마을에 조성된 배소는 새로 지은 모옥 3칸이
었다. 노수신의 배소는 행정구역상 진도읍에서 지산면으로 바
뀌었다. 그러나 유배 공간의 변화도 상당했을 것으로 추산된
다. 왜냐하면 육로 이동인가? 해로(海路) 이동인가?에 따라 원거
리 혹은 근거리로 갈리기 때문이다. 진도읍에서 지산면까지 걸
어서 간다면 지력산을 돌아가야 하는 형국이어서 원거리에 해
당하지만, 배를 타고 읍내에서 소포나루를 이용할 경우 안치마
을은 지척이었다.

유배인, 육지로 피난가다

　　노수신은 지산면 바닷가에 모옥 3칸을 지어 놓고 '소재(蘇齋)'
라 칭했다. '소재'란 "내가 내 책을 읽으니 병이 낫는 것 같다(我

그림 37 진도 안치마을
노수신의 막내아들이 정착하여 자작일촌을 이루었다

그림 38 진도군
진도군은 북쪽에 내륙지역 해남과 연결되는 녹진(일명 울돌목)이 있고, 지도 오른쪽에 전근대 제주로 연결되었던 포구인 벽파진이 있다. 지도 왼쪽에 진도읍성과 소포나루가 보인다. 소포나루 인근에 노수신의 배소인 안치마을이 입지한다

讀我書 如病得蘇)"라는 주자의 글과 "사람을 두려워하여 작은 집을 지었으니 숨어 사는 삶이 합당하지 않겠는가"라고 했던 두보의 시를 인용한 것이다. 소재는 안치마을에서 무려 19년 동안 유배생활을 했다. 소재는 20대에 문과 급제하여 중앙 관료로 임명되고, 30대에 전라도 외딴섬으로 정배되었으니, 그의 고초가 어느 정도였을지 가히 짐작하기 어렵다.

그림 39 광산노씨 자작일촌 안치마을

마을 뒤에 지력산이 있고, 마을 앞에 바다가 열려 있다. 실제 진도읍에서 지산면까지 걸어서 이동할 경우 지력산을 빙 돌아서 이동해야 하기 때문에 은둔생활에 최적지였다. 반면 진도읍에서 물길을 이용할 경우 소포나루에서 맞은 편 바다로 이동하면 곧장 안치마을에 당도한다

    소재 노수신의 진도에서의 유배생활은 크게 3기로 구분된다. 첫 번째 시기는 1547년(명종 2) 9월부터 1555년(명종 10) 5월까지이다. 이 시기는 섬에 정배된 소재가 진도에서 유배생활을 시작하던 초창기에 해당한다. 소재는 유배지에서 약 6개월 정도 보낸 후 진도를 노래하는 글을 썼는데, 바로 「옥주이천언沃州二千言」이다. '옥주'는 진도의 별칭으로, "땅이 기름지고, 말은 비단결 같고, 가히 살 만한 고을"이라 하여 붙여진 지명이다. 한양 출신 소재의 눈으로 본 진도의 모습은 "농사는 간편하여 세금을 납부할 만하고, 뽕잎과 목면이 떨어지지 않으니, 거친 삼베나마 길쌈하여 바칠 만도 하네. 가는 곳마다 목축이 번성하여 소

와 준마가 생산된다"라고 노래했다. 두 번째 시기는 1555년(명종 10)에 왜구가 해남 달량진으로 침입하여 을묘왜변이 발생한 때다. 이 전란을 소위 '달량진사변'이라 부른다. 전란이 일어나자, 소재는 비록 죄인 신분이지만 가솔들을 데리고 육지로 피난 계획을 세웠다. 1555년 5월 23일 소재 일행은 마른 양식과 젓갈을 챙겨 피난길에 올랐다. 피난길은 진도 벽파나루에서 배를 타고 육지로 향하여 다음날 해남 등산나루(현 해남군 화원면 구림리)에 당도했다. 해남 여관에서 하룻밤을 보낸 소재 일행은 육로를 따라 걸어갔다. 멀리 목포 유달산을 바라보며 무안현까지 걸어갔다. 무안현감 최원을 만나 1박을 하고 다시 길을 재촉했다. 다음날 함평현감 유웅두의 배려로 음식과 의복을 얻어 입고 객관 별실에서 지냈다. 다시 피난길은 계속되어 6월 7일 나주에 당도했으나 계속 내리는 비로 인해 하룻밤을 보냈다.

6월 8일 광주성에 도착하여 동생 노극신을 만났다. 그러나 노수신은 유배인의 처지이고, 동생은 관리어서 함께 생활하지 못하고, 곧장 피난길을 재촉했다. 6월 10일 담양을 경유하여 순창군 강천사에서 피난생활을 했다. 6월 25일 순창에서 광주로 이동하여 중심사에서 이틀을 체류하고, 다시 길을 나서 7월 8일 영암에 당도했다. 이때 영암 군서면에서 거주하고 있던 최경창(1539-1583)의 초대를 받아 사림들과 교유하고, 승려 혜원의 도움으로 도갑사에서 1박을 했다. 다음날 강진 석교원(현 성전면)을 경유하여 7월 15일 해남현을 통과, 7월 18일 진도 벽파정에 당도한다. 이렇듯 노수신의 피난생활은 주로 순창의 강천사, 광주의 중심사, 영암의 도갑사에서 머물렀고, 약 60일의 피난생활을 마치고 다시 유배지로 돌아오는 피난생활이었다. 노수신이 피난길에서 만난 사람들은 각 지역의 지방관과 유림이었다. 노수신은 유배인의 처지였지만, 전란으로 인해 어쩔 수 없이 배소를 이탈하여 육지로 피난 갔던 정황을 그의 문집에 밝히고 있다.

마지막으로 3기는 을묘왜변 이후 섬에서의 유배생활이다. 이때부터 소재는 유배생활 7년 만에 진도 유생들과 교류하기 시작했다. 유배 초기 진도 사람들이 배소로 찾아와 가르침을 요청했으나, 노수신은 시를 지어 거절했다. 다만 1년에 한 차례 진도향교 석전제에 참석하여 유생들을 만나거나, 드물긴 하지만 서당 훈도, 지력산 목장 점마관, 진도군수 등과 교류했다.

노루와 전복, 김과 나물

노수신의 유배지에서의 일상은 주로 배소 인근에 만들어 놓은 '조어대釣魚臺'에서 낚시를 즐겼다. 『소재집』에 의하면, "밤에 동네 개가 짖으면 행여 한양에서 사약이 내려온 것은 아닌가?

하는 불안한 마음에 잠을 설쳤다"라고 했다. 이렇듯 불안한 심사를 진정시키는 방법으로 낚시를 선호했던 것으로 보인다. 또 낚시는 경상도 상주의 부모님을 위해 식재료를 마련할 수 있는 방법이기도 했다. 그의 문집에 수록된 「고향으로 보내는 편지」에서 노수신의 유배지에서의 일상이 확인된다. 그동안 유배지에서 구한 사냥감과 어패류를 앞에 두고 부모님께 편지를 썼다. 그 내용을 소개하면, "가장 귀한 포 32개는 노루 한 마리 분량, 멧돼지 한 마리, 익힌 작은 전복 10개, 포를 뜬 큰 숭어 3마리, 제주 감귤 16개, 김과 나물 아홉 꾸러미. 어찌 하루아침에 구했겠는가? 여러 달 동안 하나씩 모은 것이다. 떨리는 마음으로 품목을 일일이 기록하고, 명주실로 만든 종이로 정성껏 싸서 삼가 공경히 받들어 잘 가라는 인사를 하는데 머뭇거리다"라고 했다. 부모님에 대한 유배인의 비애가 엿보인다.

조선 선조가 즉위하자, 노수신은 해배되어 영의정에 임명되었다. 그가 유배생활을 했던 진도 사람들에게 노수신은 '진도개화지조珍島開化之祖'로 인식되었다. 섬사람들의 유배인에 대한 인식이 『옥주지』에서 찾아진다. 이에 따르면, "진도 도처에 서재書齋를 개설한 것은 대개 미풍양속을 가르치기 위함이다. 만약 서재가 없었다면 가르칠 수도 없었을 것이다. 훈도를 초빙하여 배움에 정진했다. 진도 사람들은 글을 읽지 못하는 사람이 거의 없다"라고 했다. 즉 유배인과 섬주민의 만남은 "진도 전역에 후학을 가르치는 문풍이 일어났고, 그로 인해 섬에서 서당을 운영하는 전통이 생겨났다"라는 평가를 받고 있다. 1602년(선조 35)에 진도 유생들은 노수신의 위패를 봉안하기 위해 봉암사를 건립했다. 봉암사는 섬주민들에게 막대한 영향을 끼친 유배인에 대한 예우였다.

안치마을의 '진도할매'

진도군 지산면 안치마을은 광산노씨 집성촌이다. 바로 소재 노수신이 19년 동안 유배생활을 했던 배소다. 노수신은 30대에 진도에 유배되었고, 50대에 해배되었다. 구전에 따르면, 노수신은 유배지에서 후배後配 우씨와 아들 3형제, 그리고 여러 명의 노복들과 함께 생활했다고 한다. 실제 광산노씨 문중에서는 우씨 부인을 '진도할매'라 칭한다. 우씨 부인이 낳은 아들 3형제 가운데 막내아들이 진도군 지산면 안치마을의 입도조이다.

대체로 기록과 구술을 통해 본 유배인은 '충직한 신하' 혹은 '학덕이 높은 문인' 등으로 전해 온다. 더욱이 유배인이 중앙의 정치무대에서 활동하다가 반대파의 모략으로 유배형에 처해지고, 그의 유배지에서의 일상은 지역 주민들에게 새로운 문화를 전달해 주는 지식인으로 인식되었을 것이다. 실제 전라도 서남해 도서지역 유배인에 의해 건립된 서당에서 아동 교육은 물론 지방 유생들에게 미친 영향은 다양하게 전승되고 있다. 이런 까닭에 섬사람들에게 유배인은 죄인이라는 부정적인 이미지보다 정치가 혹은 학자라는 긍정적인 에너지로 인식된 것이다. 그래서 서남해 섬마을의 입도조를 논할 때 섬주민들이 직계 조상을 유배와 연계하는 데 주저함이 없었던 것으로 보인다.

홍어장수 문순득의 표류기

전라도 서남해역은 한·중·일 3국을 연결하는 고대 항로에 입지한다. 예컨대 828년 완도에 청해진을 건립한 장보고가 당·신라·일본 간 해상무역을 주도했으며, 838년에 일본 승려 엔닌이 중국으로 불법을 구하러 갔던 뱃길을 재당신라인의 도움을 받아 일본으로 귀국했다. 더욱이 동아시아 바닷길 주변에 무수히 많은 섬들이 촘촘히 들어서 있다. 이름하여 '다도해多島海'라 부른다. 이런 까닭에 해난사고가 빈번하게 발생했다. 그들은 언제, 어떤 이유로 바다에 나갔다가 표류되었을까? 몇 사람이 승선하고 있었을까? 목적지는 어디였을까? 표류민이 발견되면 섬주민들은 어떻게 대응했을까? 전라도 나주목 우이도 홍어장수 문순득의 표류 이야기를 들어보자.

문순득, 그는 누구인가?

문순득(1777-1847)의 본관은 남평, 호는 천초天初 혹은 대초大初라 부른다. 문순득은 부친 문덕겸(1739-1796)과 어머니 창원황씨의 넷째아들로 우이도에서 태어났다.

후손에게 전해 오는 고문서에 의하면, 1716년(숙종 42)에 문순득의 4대조 문계창文繼昌이 절충장군折衝將軍에 임명된 「교지敎旨」, 1811년(순조 11)에 문순득의 부친 문덕겸이 가선대부에 봉해지는 「교지」, 1835년(헌종 1)에 문순득이 가선대부에 임명되는 「교지」, 그리고 1892년(고종 29)에 문순득의 손자 문광길文光吉이 통정대부 경복궁 오위장 겸 선혜청에 임명되는 「교지」 등 4건이 전해 온다. 모두 납속첩納粟帖이다.

1897년(건양 2)에 작성된 「호적표戶籍表」에 의하면, 문광길의 나이 38세, 주소는 전라남도 우이도 본리本里, 부친은 학생 문운근文雲根, 조부는 가선대부 문순득, 증조부 가선대부 문덕겸, 외조부 학생 김부원金夫遠 등이 기재되어 있고, 흥미로운 것은 직업란에 "선고船雇"라 표기되어 있다. 실제 문순득의 5세손 문채

그림 40 1716년 문계창의 「교지」

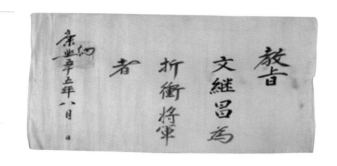

옥의 제보에 의하면, "나의 고조부(문순득)는 선박 2척을 보유하여 섬에서 생산된 해산물과 육지의 농산물을 교역하는 상인이었다"고 구술했다. 이러한 구술과 문순득의 손자 문광길의 「호적표」을 비교해 보면, 직업란에 '선고船雇'라 기재한 것도 자자손손 가업을 물려받은 것으로 이해된다. 이로써 보건대 18-19세기 나주목의 부속도서 우이도에서 거주했던 문순득의 직계 할아버지가 정3품 절충장군과 종2품 가선대부의 납속첩을 받았다는 것은 상당한 재력을 갖추고 있었던 것으로 보인다.

이러한 문순득이 조선왕조실록에 등재된 것은 "조선 최초 여송국 통역사"로 알려졌기 때문이다. 『순조실록』의 내용을 소개하면 다음과 같다. "신유년[1801년, 순조 1] 가을에 이국인異國人 5명이 표류하여 제주도에 당도했다. 그들은 알아들을 수 없는 말을 하여 어느 나라 사람인지 분별할 수가 없었다. 그래서 이자관移咨官을 동행하여 중국의 성경盛京으로 보냈지만, 임술년[1802년, 순조 2] 여름, 중국에서도 어느 나라 사람인지 알 수 없다

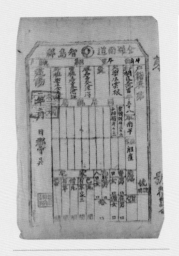

그림 41 1897년 문광길의 「호적표」   그림 42 문광길의 호패

문광길은 문순득의 손자다

는 회자回咨와 함께 다시 돌려보냈다. … 그런데 나주목 흑산도 사람 문순득이 여송국呂宋國(현 필리핀)에 표류되어 다녀왔는데, 그 나라 사람의 모습과 의복, 방언을 기록하여 가지고 온 것이 있었다. 그리하여 여송국의 방언으로 문답하니 절절이 들어맞았다. … 그들이 표류되어 온 지 9년 만에 비로소 여송국 사람임을 알게 되었다"[64]라고 전라감사 이면응과 제주목사 이현택 등이 보고했다. 바로 문순득이 19세기 조선인 최초로 필리핀에 다녀온 표류민이었다.

문순득은 '사물에 대한 관찰력이 뛰어난 인물'로 평가된다. 사실 필리핀에 표착했던 조선인은 문순득뿐만 아니라 그의 고향 사람들도 동행했었다. 그러나 어느 누구도 표착지에 관한 정보를 전해 주지 않았다. 그런데 유독 문순득만 표착지 일본·필리핀·중국의 생활, 풍속, 음식, 장례, 묘장, 농기구, 담뱃대, 수염, 머리카락, 화폐, 궁실, 의복, 토산, 심지어 외국 선박의 형태와 제도에 이르기까지 다양한 정보를 구술했다. 또 섬마을에 전해 오는 구전에 의하면, "어느 날 우이도 사람들이 뒷산으로 나무하러 갔다가 물수리 한 마리를 잡아 왔다. 이것을 지켜본 문순득이 '물수리의 발톱이 세모꼴이어서 먹이를 잡으면 결코 놓치지 않을 것 같다'라고 하자 동네 사람들이 모두 고개를 끄덕였다고 한다. 이렇듯 문순득은 바다에서 표류되어 조선인 최초로 오키나와, 필리핀, 마카오, 중국 등을 3년 2개월 동안 표류한 체험담을 구술로 전해 준 인물이다.

출항과 표류, 그리고 귀환

1801년(순조 1) 12월, 홍어장수 문순득 일행이 우이도(일명 소흑산도)를 출항하여 태사도로 향했다. 승선자는 문순득의 작은 아버지 문효겸, 마을 주민 이백근·박무청·이중원, 초동 김옥문 등 총 6명이었다. 그들은 대흑산도 인근 해역에서 홍어를 구매하여 육지로 장사 나가는 홍어장수들이었다. 1802년 1월 18일, 문순득 일행은 홍어를 찾아 태사도로 출발했다. 흑산도를 출항하여 변도(속칭 곡갈) 해역에 이르렀을 때 갑자기 서북풍을 만나 진도군의 부속도서인 조도鳥島로 표류되었고, 1월 24일 동풍을 만나 제주도 서쪽에 이르렀다가 다시 서북풍을 만나 동남으로 향했다. 그 후 1월 29일에 유구국琉球國(현 오키나와) 아마미오시마에 표착했다.[65]

19세기 전라도 연안에서 표류한 선박들은 일본 규슈의 중서부지역에 당도하는 사례가 많았다. 바로 물길이 표류민을 이동시킨 것이다. 문순득 일행이 오키나와에 당도한 것도 오직 바람과 물길의 힘이었다. 이후 문순득 일행은 오키나와에서 약 7개월 동안 표류생활을 경험하게 된다. 일본인들은 문순득 일행에게 1인당 쌀 한 되 다섯 홉과 채소를 지급해 주고, 이틀에 한 번 돼지고기를 제공해 주었다고 한다.[66]

그런데 일본 표류생활에서 가장 큰 문제는 조선으로의 귀국 절차였다. 문순득 일행은 곧장 조선으로 돌아올 수 없었다. 왜냐하면 19세기 조선 표류민들은 반드시 중국 북경을 경유하여 귀국하도록 규정되어 있었기 때문이다. 그리하여 1802년 10월 7일, 문순득 일행은 중국으로 가기 위해 오키나와를 출항

했다. 그런데 항해를 시작한 지 10여 일이 되었을 때 동북풍을
만나 또다시 바다에서 표류되고 말았다. 그리하여 동년 11월
1일에 문순득 일행은 또다시 동북풍을 만나 2차 표류되었고, 그
들이 두 번째로 표착한 곳은 여송국(현 필리핀)의 서남쪽에 위치
한 마의지방이었다. 필리핀은 태평양과 남중국해 사이에 입지
하여 매년 7~12월에 30개 이상의 태풍이 지나가는 길목에 위치
했다. 이런 까닭에 일본에서 중국을 경유하여 조선으로 귀국할
계획이었던 문순득 일행은 중국에 당도하지 못하고 필리핀에
표착한 것이다.

  19세기 조선과 여송 간의 국교가 이루어지지 않은 상태였
다. 당연히 국가 간 표류민에 대한 예우는 없었다. 문순득 일행
은 여송국에서 생계는 물론 중국으로 가는 배편도 스스로 마련
해야만 했다. 문순득의 구술에 의하면, 그는 필리핀 사람들이
시장에서 물건을 구매한 다음 그 물품을 제대로 포장하지 못하
는 광경을 보고 물건 포장용 노끈(실·삼·종이를 가늘게 꼬아서 만든
끈)을 만들어 팔았다고 한다.

  1803년 5월 문순득 일행은 여송국에서 중국 오문(현 마카오)
으로 가는 상선을 타고 광동에 도착했다. 그리고 1805년 1월 초
1일에 3년 2개월 동안의 표류생활 끝에 고향 우이도로 돌아왔
다.[67] 문순득은 흑산도 인근 해역에서 표류된 순간부터 유구국

과 여송국, 중국을 경유하여 조선에 귀국할 때까지 직접 보고 듣고 체험한 사실을 전해 주었다.

문순득의 구술, 실학자들의 채록

우이도 사람 문순득은 해난사고를 당하여 유구국流球國(현 일본 오키나와)·여송국呂宋國(현 필리핀)·마카오(澳門, 현 중국 특별행정자치구), 중국을 경유하여 조선에 귀국했다. 그가 표류생활을 하면서 보고 듣고 체험한 사실을 구술해 주었다. 예컨대 해당 국가별 궁실·풍속·의복·언어·토산물 등 이국문화를 유배인 정약전(1758-1816)과 실학자 이강회(1789-?)에게 각각 들려주었다. 문순득의 경험담을 들은 정약전은 『표해시말』이라는 제목으로 문순득의 표류체험담을 기록했다. 또한 문순득은 실학자 정약용(1762-1836)의 제자였던 강진 사람 이강회(1789-?)에게 선박에 관한 표류체험을 들려주었다. 그 내용이 이강회의 저서 『유암총서』에 「운곡선설雲谷船說」이라는 논문을 작성했다. 이강회는 「운곡선설」의 저술 동기에 대해 "손암 정약전이 이곳 바닷가에서 유배생활을 하던 중 문순득의 구술을 받아 『표해록』을 작성했는데, 이국의 설화와 토산, 풍속과 궁실에 대해 상세하게 기술한 반면, 선박에 대해서는 자세히 다루지 않았다. 손암이 갖추

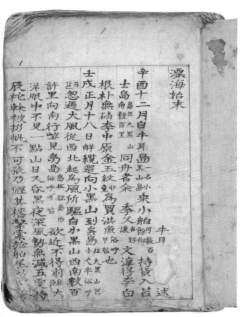

문순득이 동아시아 표류경험담을 흑산도 유배인 정약전에게 들려주었다. 손암 정약전이 문순득의 구술을 토대로 채록한 내용이 『표해시말』이다. 문순득이 마을 사람들과 함께 홍어를 구입하러 태사도에 갔다가 해난사고를 당하여 오키나와, 여송, 마카오, 중국을 경유하여 조선으로 돌아온 여정과 각국의 언어, 의상, 풍속 등이 기술되어 있다

지 못한 것을 보충한다"라고 밝히고 있다.

「운곡선설」의 주된 내용은 본론에 수록된 선박건조술 36조목이다. 이는 문순득이 외국 선박의 장점을 제안하고, 이강회가 전통 한선에 대입시켜 비교한 다음 본인의 견해를 서술하는 방식으로 기술되었다. 예컨대 이강회의 선박건조술 가운데 가장 주목되는 항목은 선박의 저판底板이다. 이름하여 전통 한선은 평저선이라 부르고, 외국 선박은 첨저선이라 칭한다. 이것은 전통 한선과 외국 선박의 가장 극명하게 다른 점이다. 즉 한선은 배의 밑 부분이 넓으면서 평편하고, 외국 선박은 좁고 뾰족

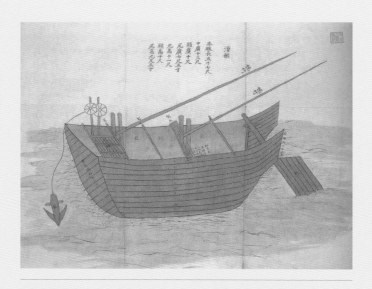

그림 44 전통 한선의 저판, 평저선, 서울대학교 규장각한국학연구원 소장

그림 45 중국의 첨저선, 국립해양유산연구소 소장

하다. 이에 대해 문순득은 "배의 저판은 대개 1개의 널빤지 위에 3-4조각을 좌우에 부착하여 하단은 좁고, 위로 올라갈수록 가파르고 넓다"라고 하여 외국 선박의 특징이자 장점이라고 제안했다. 또 이강회는 "좁은 저판은 베틀의 묵과 흡사하다. 저판이 좁을수록 파도에 출렁거리지 않고 속도가 빠르다. 마치 달리는 기세가 탄환과 같다"라는 의견을 피력하고 있다. 그러나 우리나라의 자연조건에는 전통 한선의 저판이 넓고 평편할 때 효과적일 것으로 생각된다. 왜냐하면 서해의 경우 조수간만의 차가 심하여 물때에 따라 선박의 항해와 정박이 반복될 수밖에 없다. 더욱이 썰물일 때 갯벌에 정박하는 선박의 경우 평저선이 유리할 것으로 보인다. 다만 문순득의 구술과 이강회의 견해가 옳고 그름을 떠나서 선박의 세부 구조에 대해 장·단점을 분석하고 있다는 점이 높이 평가된다.

19세기 홍어장수 문순득이 아시아 3국을 표류하고 그 체험을 구술했다. 또 흑산도 유배인 정약전과 강진 출신 실학자 이강회가 채록하여 각국의 문화를 비교 검토했다. 특히 뱃사람 문순득이 외국 선박을 관찰한 바를 제안하고, 실학자가 전통 한선의 구조와 비교하여 새로운 선박건조술을 서술했다는 점이 흥미롭다. 한·중·일 3국의 바닷길에 입지한 전라도 서남해역, 우이도 사람 문순득의 선박에 대한 관심, 정약용·정약전의 실용적인 학문세계관, 다산의 문하생 이강회·이청의 이국선에 대한 고증자료 등 19세기 전라도 사람들이 당대 새로운 선박건조술을 제안한 것이다. 특히 이강회가 쓴「운곡선설雲谷船說」의 자료적 가치는 선박 건조에 관한 우리나라 최초의 논문이자 지역민의 구술 자료라는 점에 높이 평가된다. 이처럼 전근대 표류 연구는 이국 문화에 대한 견문을 넓힐 수 있었다는 점에서 사람들의 이목을 집중시켰다면, 21세기의 표류 연구는 동아시아 각국에 전승되고 있는 표류민 기록을 공유하여 연구 영역의 확대가 요구된다.

3

섬 문화의 다양성

웃섬과 아랫섬의 경계

전라도 서해해역 끝자락에 크고 작은 섬들이 있다. 그 형국을 보고 어떤 이는 '새가 날다가 내려앉은 듯하다'라고 표현했고, 또 어떤 이는 '하늘에서 바둑알을 흩트려 놓은 듯하다'라고 노래했다. 그만큼 셀 수 없을 만큼 섬이 많다는 의미다. 실제 조선시대 전라도 나주목의 부속도서로 편제되었던 신안군의 섬은 유인도와 무인도를 합하면 그 수가 무려 1천여 개를 넘는다. 그러나 지역 랜드마크land mark를 위해 '1004의 섬'이라 부른다. 또 최근 섬과 섬을 이어주는 연육·연도교 공사가 진행되면서 도서지역의 지형이 바뀌고 있다. 그렇게 많은 섬 가운데 어떤 섬은 '웃-섬'이라 부르고, 또 어떤 섬은 '아랫섬'이라 불렀는지, 그 형편을 살펴보자.

'웃섬과 아랫섬' 읽어 보기

고지도에서 전라도 서남해역 다도해를 살펴보면, '마치 하늘을 날아가던 새가 잠시 내려앉은 듯하다'라는 표현이 맞은 것 같다. 【그림 46】은 19세기 말엽 전국적으로 제작된 지방지도 가운데 나주목 지도다. 전근대 육지의 부속도서를 고지도에서 살펴보면 웃섬과 아랫섬의 경계를 검출할 수 있을까?

【그림 46】에서 지도 왼쪽 바다에 많은 섬이 표기되어 있다. 전근대 나주목 관할 섬의 경우 대부분 오늘날 신안군의 부속도서로 확인된다. 그러나 고지도의 지면에 오늘날 '1004섬'이라 부르는 신안군의 부속도서를 모두 표기할 수 없었다. 따라서 위정자의 눈으로 본 섬을 지도에 표기한 것으로 보인다. 예를 들면 해당 섬이 나주목 관아로부터 얼마나 떨어진 곳에 입지하고 있는가? 그 거리를 육로와 수로로 환산할 때 거리가 얼마나 될까? 그 섬에 토지가 분포하고 있는가? 그 섬에서 생산되는 토산물은 무엇일까? 등등 국가 재용을 창출할 수 있는 시각에서 섬에 관한 기본정보를 표기했을 것으로 생각된다. 따라서 내륙지

그림 46 〈나주지도〉, 서울대학교 규장각한국학연구원 소장

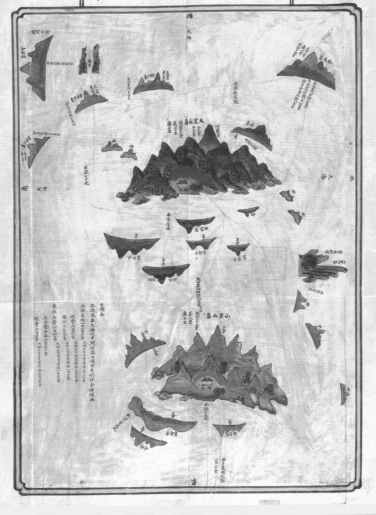

그림 47 〈나주지방흑산도지도〉, 서울대학교 규장각한국학연구원 소장

역의 부속도서로 편제된 섬 가운데 '웃-섬과 아랫섬'의 의미를 검출할 수 없다.

그렇다면 고지도에서 '섬 속의 섬'을 통해 웃섬과 아랫섬에 관한 정보를 찾을 수 있을까? 【그림 47】은 나주목의 부속도서 가운데 비교적 바깥 바다(外海)에 입지한 흑산도 지도다. 이 지도는 1872년에 흑산도와 그 부속도서를 그린 지방지도로, 흑산도가 체도體島이고, 체도에 딸린 작은 섬이 사방에 펼쳐져 있다.

【그림 47】에서 방위로 나눠보면, 윗부분이 서쪽이고, 하단이 동쪽, 왼쪽이 남쪽, 오른쪽이 북쪽에 해당한다. 이 지도의 표현은 이원 구도로, 상단에 표기된 섬이 대흑산도(현 흑산도)이고, 하단에 소흑산도(현 우이도)가 그려져 있다. 그리고 지도 여백에 '소흑산도와 대흑산도 간의 거리가 800리'라고 설명되어 있다. 이 지도를 세부적으로 살펴보면, 흑산도와 우이도에 각각 아사衙舍 1동씩 표기되어있다. 이는 조선 후기 섬에 설치된 수군진의 실태를 묘사한 것으로 보인다. 다음 대흑산도와 소흑산도를 중심축으로 삼고, 먼바다에 홍의도(현 홍도)·상태도·하태도·가거도·만재도 등을 표기하고 있다. 그리고 내해(內海에 입지한 도초도·비금도·하의도·장산도 등지는 비교적 파도가 잔잔하게 그려져 있다. 종합해 보면 고지도에서 살펴본 '섬 속의 섬'은 지면에 상하 대칭구도로 그려 놓았을 뿐 역시 웃-섬과 아랫섬을

구분하는 어떤 흔적도 없다. 고지도를 통해 본 섬은 부속도서의 입지와 방위에 따라 표기되어 있다.

섬에 향교가 있다: 경기도 교동향교와 전라도 진도향교

전근대 중앙정부는 유교를 근간으로 하여 중앙과 지방의 관료를 선발했다. 조선 정부는 전국의 군읍郡邑을 단위로 향교를 건립하여 유학을 진흥시켰다. 바로 일읍일교一邑一校의 원칙이다. 이 규정은 육지는 물론 섬에도 적용되었다. 조선 전기 섬에 향교가 설립된 사례는 경기 교동도喬桐島와 전라도 진도珍島가 주목된다. 이 두 섬은 모두 군읍에 해당하는가? 교동도는 아니고, 진도는 맞다.

그렇다면 경기 교동도는 왜 군읍이 아닌데 향교를 설치했을까? 그 이유는 교동도의 입지와 관련이 있다. 전근대 교동도는 개경과 황해도, 경기 내륙과 삼남지방을 연결하는 교통의 요충지였다. 더욱이 교동도는 전근대 중국으로 연결되는 가장 단거리 바닷길이 열려 있었다. 이런 까닭에 중국에서 유교가 한반도로 건너올 때 공자의 초상화가 가장 먼저 당도한 지점이 바로 교동도의 남산포구였다. 오늘날 교동도 남산포에는 「사신당지使臣堂址」라는 지명이 전해 온다. 사신당은 "중국 사신들의 항해

그림 48 진도향교 대성전

앞뜰에 동백숲이 무성하다

그림 49 진도향교 삭망례

21세기 진도향교의 전교와 유사는 매월 삭망朔望에 공자에게 정화수를 올리는 의례를 행하고 있다

그림 50 『진도향교 액내안額內案』

오늘날 향교 청금안이 대부분 전승되고 있지만, 액내생과 액외생을 구분하여 기재된 사례는 드물다

그림 51 『진도향교 청금안』

의 안전을 기원하던 제사터"다.[68] 바로 공자의 위패가 처음 우리나라에 당도한 지점을 기념하기 위해 경기 교동도에 향교가 건립된 것이다. 비록 교동도가 군읍에 해당되지 않지만, 향교 설립의 예외 조건이 적용된 것이다.

한편 전라도 진도는 전근대 우리나라를 대표하는 섬이었다. 진도에 군읍이 설치된 것은 고려 말이다. 그러나 여말선초 이래로 우리 해역에 끊임없이 출몰하는 왜구들로 인해 진도 사람들은 섬을 비우고 육지 땅 해남으로 피난했다. 이때 육지의 해남군과 섬지방 진도군이 하나로 통합되어 해진군(海珍郡)이 신설되었다. 그 후 바다가 다시 안정권으로 접어들자 진도군이 해진군으로부터 분리되어 복군되었다. 그 결과 1437년(세종 20)에 진도 향교가 읍내리 동쪽에 건립되었다. 이처럼 경기 교동도와 전라도 진도의 경우 섬에 향교가 건립된 사례다.

전라도 섬에 향교가 추가로 건립된 것은 19세기 말엽이다. 1895년 2월 11일, 고종이 전라도 지도군수로 오횡묵(1834-1907)을 임명하고 다음과 같이 명했다. "지금 전라도의 섬들이 대양한가운데 흩어져 있다. 당초 내륙지역 군읍에 속해 있었던 것은 형편에 따른 것이다. 근래에 오래된 제도로 인하여 폐단이 발생하고, 섬에 거주하는 백성들이 육지 사람들에게 핍박을 받고 있으니, 동일한 군왕으로부터 보살핌을 받지 못하고 있으니 슬프다. 그대가 이 일을 맡아 형편에 맞게 처리하도록 하라"라고 당부했다.[69] 즉 고종이 오횡묵을 새로 신설된 지도군의 초대 군수로 임명했다.

이듬해인 1896년 2월 3일 고종은 칙령 제13호를 발표했다. 요지는 「전주·나주·남원부 연해 제도諸島에 군을 설치하는 건」에 관한 것이다. 즉 전근대 육지의 부속도서로 편제되어왔던 섬을 200개씩 묶어 3개 군郡을 신설했다. 바로 지도군·완도군·돌산군이 그것이다. 이때 내무대신 박정양이 3군 설치의 의미를 강조하고 나섰다. 그에 따르면 "이번 전라도에 3군을 설치한 특별한 이유는 내지內地와 도서島嶼를 동등하게 인식하려는 뜻에서 이루어졌다"라고 했다. 즉 조선 500년 동안 섬은 내륙의 부속도서로 편제되어 왔는데, 이제 섬을 단위로 하여 군읍을 설치한 이유를 밝히고 있다. 먼저 지도군은 만경(현 전북 김제)부터 영암까지의 해역에 입지하고 있는 200여 개의 섬으로 구성되었다. 또 남해안의 '영암-해남-강진'의 부속도서를 한데 묶어 완도군을 신설하고, 흥양에서 광양까지의 부속도서를 묶어 돌산군을 설치했다. 또 한 가지 주목할 것은 이들 3군에 '일읍일교'의 원칙을 적용하여 각 섬에 향교를 건립한 것이다. 이때 새로 건립된 향교가 지도향교·완도향교·돌산향교다.

향교가 있는 섬, '웃섬'이라 칭하다

1897년 지도군에 향교가 설립되었다. 향교는 유생들의 교육을 목적으로 지방에 세워진 국립 교육기관이다. 조선 정부는 일읍일교의 원칙에 따라 전국의 모든 군현에 향교를 설립했다. 이러한 규칙에 따라 1897년 지도군에 향교가 설립된 것이다. 지도에 향교가 들어서자, 인근 임자도와 증도 사람들이 '웃-섬'이라 자칭했다. 물론 3섬이 나주목의 부속도서 가운데 가장 북쪽에 입지하고 있는 것도 사실이다. 그러나 3섬 사람들이 말하는 '웃-섬'의 의미는 간단치 않다. 단순히 서남해역에 입지한 하의도·장산도·비금도·도초도·암태도·안좌도·팔금도·압해도, 그리고 외양에 있는 홍도·흑산도·가거도 등이 모두 3섬보다 남쪽에 있다는 사실만을 강조한 것도 아니다. 3섬 사람들의 의미는 동서남북 방위에 있어서 북쪽의 위상이 가장 높다는 점을 염두에 둔 것이다. 왜냐하면 북쪽은 '국왕'의 위패를 봉안하는 방위라는 점에서 사방四方 중 으뜸으로 삼았기 때문이다. 더욱이 초대 지도군수 오횡묵이 지도향교의 양사재를 중심으로 섬사람들의 교육과 교류 활동을 주력했다. 이런 까닭에 1897년 지도향교에 대한 3섬 유생들의 긍지와 자부심은 하늘을 찌를 만큼 막강했던 것이다. 더욱이 섬은 전근대 유배인들의 배소로 활용

그림 52 지도향교 외삼문, 신안군 제공

되었기 때문에 전국 각지에서 다양한 죄목의 죄인들이 섬에 들
여보내졌다. 예컨대 19세기 섬주민들의 학풍에 영향을 주었던
유배인으로 유학자 기정진(1798-1879), 고종 때 공조참판에 임명
되었던 화서 이항로(1792-1868), 조선 말기의 대표적인 유학자 중
암 김평묵(1819-1891), 흥선대원군의 실정을 상소하고 항일의병
운동을 전개했던 면암 최익현(1833-1906) 등 유배인들의 배소이
자 호남 유림들의 교류의 장이 바로 지도였다. 1902년 지도 유
생들은 학문과 사상의 정신적 지주였던 이항로·기정진·김평
묵 등 3선생을 위한 제사를 모시기 시작했다. 또 일제강점기에
섬마을 주민들이 성금을 모아 제단祭壇을 마련하여 두류단頭流壇

을 세웠다. 1919년에 최익현을 추배하여 사현단四賢壇이라 개칭
했다. 또 1948년에 김평묵의 제자였던 지도출신 나유영이 사현
단에 추배되어 오선생단五先生壇이라 불렀다. 또 현전하는 지도
향교 관련 기문記文과 비문碑文이 1904-1928년에 집중적으로 이
루어진 사실만 보더라도 교육이 섬마을 유생들에게 미친 영향
이 얼마나 파격적이었을지 미루어 짐작케 한다.[70] 나주목의 부
속도서 가운데 지도에 향교가 설립되자, 인근 섬주민들은 자칭
'웃-섬'이라 칭하고, 남쪽 바다에 점점이 떠 있는 섬들을 '아랫섬'
이라 불렀다. 이렇듯 웃-섬과 아랫섬의 경계에 '향교'가 있었다.

그림 53 두류단

지도읍 감정리 백련마을 두륜산에 두류단이 있다

공공울력으로 만든 '학교염전'

섬의 공간은 끊임없이 변화되어왔다. 특히 간척은 섬의 지형과 문화변동을 초래했다. 전근대 간척 관련 기사를 검색해 보면, 조선 세종 때 의정부의 보고에 "바다와 못가의 전지(海澤之田)는 소출이 육답陸畓보다 두 배나 많지만, 하루 이틀 내에 수백인을 부려야 물을 그치게 하고 막을 수 있다"라고 했다. 또 숙종 때 토지문서에 "어의궁이 전라도 영암의 부속도서에 제방을 쌓아서 간척지를 만들었다"라고 했으며, 또 고종 때 "명례궁이 나주 비금도에서 간척지를 조성했는데, 그 규모가 377결이다"라는 기사 등이 확인된다.[71] 이렇듯 조선시대의 간척은 하루에 수백 명의 노동력을 동원하여 일시에 제방을 쌓을 수 있을 때 가능한 일이었다. 그런데 1947년 도초도 주민들이 바닷가에 제방을 쌓아 간척지를 만들었는데, 일명 '학교염전'이라 불렀다. 그들은 왜 간척지의 지목地目을 "학교염전"이라 불렀을까? 20세기 도초도 사람들의 간척 이야기를 들어보자.

태풍과 해일, 그리고 몽니-답

1947년 도초도 사람들은 '구언舊堰 너머에 신언新堰을 막자'라는 구호 아래 새해를 맞이했다. 지난해 10월에 부임한 도초면장 김종휴(1946년 10월-1950년 6월 재임)는 '섬의 북부 화도에 제방을 신축하는 일'을 최대 과업으로 삼았다. 왜냐하면 화도 개발은 도초도 주민들의 오랜 숙원사업이었기 때문이다. 이처럼 면장과 면민이 '화도 간척'을 소망했던 이유는 해수 침수로 인한 피해 때문이었다. 1911년에 간행된 『한국수산지』에 따르면, "도초도의 북부는 높은 산이 없고 갯벌이 분포하며, 섬의 서남부는 경지가 많고 농산물이 풍부하다. 섬의 북동부는 갯벌지대이고, 남서부는 곳곳에 모래톱이 이어지나 기슭으로 연결되어 수심이 깊다"라고 기술되어 있다. 즉 도초도의 북쪽 지형이 낮은 지대라는 것이다. 실제 1916년에 작성된 『토지대장』에서 도초도의 전답 현황을 살펴보면, 섬의 서남부에 입지한 지남리(1745㎡), 고란리(1623㎡), 이곡리(1577㎡), 수항리(1534㎡), 죽련리(1422㎡), 만년리(1399㎡) 일대에 집중적으로 분포하고 있다. 이 가운데 고란리에 소위 '고란평야'라 불릴 만큼 대규모 전답이 분포한 것으로 확인된다. 그런데 도초도 인근 해역에 태풍이 일어날 경우 섬의 북부로 바닷물이 범람하여 삽시간에 섬 전체를 몽니-답으로 만들었다. 이런 까닭에 전근대 도초도의 주요 포구는 섬 안쪽에 입지한 수항리의 나박포였고, 면소재지는 섬의 남쪽 고란리에 있었다. 그리하여 1945년 해방을 맞이하자 도초도 주민들은 섬의 북부 개발사업을 기획했다. 즉 화도와 외남리를 잇는 대규모 제방을 신축하는 일을 기획한 것이다.

공공울력에 총동원된 도초도 사람들

1947년 도초도 면장은 섬의 북부 간척공사를 선포했다. 간척공사에 필요한 비용은 전매청으로부터 염전개발비 명목으로 870만 원을 대출했고, 도초도 주민 전원을 공공울력에 동원했다. 당시 간척에 참여했던 섬주민들의 제보를 들어보자.

> **신촌마을 김ㅇ철 구술**: 도초면은 행정단위가 10개입니다. 해수가 들어오면 10개 마을 중 침수 피해를 입지 않은 곳이 없습니다. 다만 섬의 남부 이곡리와 죽련리, 동부의 명당리는 산을 끼고 있어서 예외입니다. … 간척공사는 제방을 신축할 구역에 말뚝을 세워 놓고, 각 마을에 배정했습니다. 주민 누구나 맡은 바 의무를 수행했습니다. 만약 제방이 무너지면 큰일이니까 우리 모두 울력에 참여했습니다.

> **고란마을 고ㅇ만 구술**: 도초도 간척공사는 온전히 면

민들 힘으로 만들었습니다. 산에서 지게로 돌을 짊어
지고 와서 둑을 쌓았습니다. 기계의 힘을 빌리지 않고,
오직 사람 손으로 만들었습니다. 우리 도초도에는 자
연마을이 30개입니다. 이들 자연촌을 크게 3개의 권역
으로 나눠 10개 행정구역을 설정했습니다. 그다음 새
로 건설할 제방의 총 길이를 측량하여 10개 리里에 똑
같이 나눠주고 공사를 진행했습니다. 제방을 쌓다가
어느 한 곳이 터지면 해당 마을 사람들이 보수했습니
다. … 당시 보릿고개를 넘던 시절인데, 우리에게 주어
진 것은 '오곡밥에 기젓국'이 전부였습니다. 기젓국은
'바닥에 기어 다니는 꽃게를 빻아서 만든 것'으로, 이것
이 유일한 반찬이었습니다.

위의 구술에서 보듯이, 도초도 북부 간척공사는 섬사람을
총동원한 공공울력사업으로 추진되었다. 공사구역은 10개 행
정리를 단위로, 소속 마을 주민들이 공사구간을 책임지고 완성
했다. 공사에 필요한 자재 운반과 제방 축조 기술은 오직 섬주
민들의 지혜와 노동력뿐이었다. 그러나 공공울력에 동원된 섬
주민들은 불만을 토로하지 않았다. 그것은 해마다 찾아오는 해
수 침수로 인한 피해로부터 어느 누구도 자유롭지 않았기 때문

이다.

제방축조 4단계 공사

제방공사 1단계는 석공과 섬주민이 협력하여 진행하는 '경치-돌 세우기'다. 경치-돌 세우기는 제방 바닥과 외벽을 쌓는 작업으로, 석공이 '경치-돌'을 만들어 주면 섬주민들이 돌을 옮겨 제방의 외형을 만들었다. 그런데 문제는 작은 경치-돌의 경우 섬사람들이 힘을 합하면 해결할 수 있지만, 각 마을에 배정된 10개의 큰 경치-돌의 경우 산을 넘고 갯벌을 지나 원-둑에 올려놓은 것으로 가장 어려운 작업이었다. 그러나 해당 구역 공사 책임자인 섬주민들은 어떤 방법을 동원해서라도 자체적으로 해결해야만 했다. 마치 '개미가 먹이를 옮기듯' 저마다 거대한 경치-돌을 공사 현장까지 옮겨 놓았다.

2단계는 '장부-질로 흙 채우기'다. 기계 시설이 없던 시절에 '장부-질로 흙을 채우는 일'은 공사에서 시급한 작업 중의 하나였다. 여기서 '장부-질'이란 3인 1조로, 한 사람이 긴 삽을 들고 흙을 떠서 던지면 속칭 '줄-잽이' 2인이 양옆에 서서 삽에 줄을 달아서 당기는 역할을 한다. 그래서 '장부-질'은 3명의 호흡이 매우 중요했다. 그다음 손에서 손으로 흙덩어리를 옮기는 '팔드

름' 기법으로 연결되었다. 이런 까닭에 해당 마을에 장부-질을 잘하는 사람이 없을 경우 다른 마을에서 '장부질-꾼'을 채용하여 공사를 마무리했다고 한다. 이렇듯 구간별 공사에 필요한 모든 노동력은 해당 마을 주민들의 몫이었다.

3단계는 '방조제 절강' 작업이다. 이는 소위 '조수와의 싸움'이라고 불렀다. 조석 간만의 차에 따라 하루에 두 차례 '들물'과 '날물'이 일어난다. 또 보름 간격으로 물살의 세기가 달라졌기 때문에 조수에 맞춰 작업을 진행했다. 일반적으로 제방공사는 '조금새'에 이루어졌다. 여기서 '조금새'란 음력 8일과 23일을 기준 삼아 전후 2-3일 정도가 이에 해당한다. 이때 물살이 가장 약하고 물이 들어와도 신축 제방까지 닿지 않았다. 반대로 음력 보름과 그믐의 경우 물이 가장 많이 들고 나가는 '사리'여서 공사를 진행할 수 없었다. 그런데 제방 공사에서 가장 어려운 작업이 '절강'이었다. 즉 원-둑을 쌓아오다가 마지막에 '개옹(전라도 방언으로 갯고랑을 지칭)'을 막아야 비로소 제방이 완성되었기 때문이다. 대개 개옹은 깊고 조수의 통로가 좁기 때문에 절강작업이 쉽지 않았다. 이런 까닭에 절강작업을 할 때 마을 대표는 흔히 '제숙'이라 칭하는 돼지머리를 준비해서 고사를 올렸다. 그만큼 절강작업은 제방공사에 있어서 최대 난관을 통과하는 일이었다.

4단계는 제방 보수 및 관리다. 도초도 주민들은 제방을 직접 관리했다. 물론 도초도 인근 안좌도 전진언의 경우 제방 보수와 농경수 관리를 위해 보주保主와 수구水口를 각각 고용했다. 즉 보주는 제방 관리인이고, 수구는 농경수 관리를 맡았다. 이들의 인건비는 마을 공동경비에서 지원했다.[72] 반면 도초도의 경우 신축 제방 공사를 마을별로 구역을 나눠 축조하고, 사후 제방에 문제가 발생하면 '개인적으로 하던 일을 멈추고 모두 원둑으로 달려갔다'고 한다. 제방보수는 거의 대부분 '절강자리'에서 발생했다. 특히 사리 때 태풍이 불거나 물이 제일 높은 '영등사리' 혹은 '백중사리' 때 제방에 변고가 가장 많이 일어났다고 한다.[73]

도초도 북부에 제방이 완공되자, 섬 사람들은 이 제방을 '새언' 혹은 '외언', 그리고 '외남방조제' 등으로 불렀다. 그 안에 간척지도 들어섰다. 섬사람들은 새로 만든 간척지의 지목地目을 '염전'이라 부여하고 토지대장에 등록했다. 그 규모가 염전 7판이었다. 그런데 새로 만든 염전의 분배가 흥미롭다. 즉 염전 3판은 공공울력에 동원된 30개 마을 주민들의 몫으로 분정하고, 그다음 염전 3판은 도초도 청소년들의 중등교육을 지원하기 위한 '학교염전'이라 칭했다. 그리고 나머지 염전 1판은 도초도 주민들의 안전을 위해 도초도 경찰지서 운영비 명목으로 기부했다. 해방과 한국전쟁이라는 역사적 전환기에 섬사람들은 공공울력

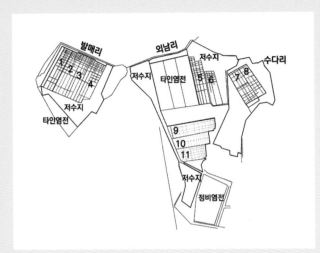

그림 54 도초도 학교염전의 분포

초창기 도초도의 북부 개발은 화
도와 외남리를 이어주는 새언을
신축하는 공사부터 시작했다

사업을 전개하여 바닷가에 제방을 쌓고 간척지를 만든 것이다.
새로 만든 간척지에 오래된 미래를 새긴 것이다.

도초고등공민학교의 건립기금, '학교염전'

섬에서 간척지는 청소년 교육에 막대한 영향을 주었다. 도
초도 북부에 신언이 완공되자, 섬주민들은 근대학교 설립 계획
을 추진했다. 일제는 조선인에 대한 교육을 초등교육에 머물렀
고, 전국의 수재들은 농업학교로 진학시켰다. 하물며 섬에서 중

등교육에 대한 고민조차 없었다. 도서지역 청소년들이 상급학교로 진학하는 것은 육지로 유학가는 방법뿐이었다. 이런 까닭에 섬에서 초등교육을 마친 졸업생이 해마다 누적되었다. 이에 도초도 주민들이 맨손으로 일군 간척지의 일부를 지역 청소년들을 위한 중등교육에 지원한 것이다. 육지의 경우 사립학교의 설립이 주로 문중·지역민·지역공동체·지방관 등에 의해 추진되었다. 그러나 문제는 개교 후 얼마되지 않아서 상당수 문을 닫았다. 그것은 사립학교의 재정 기반이 장기 지속할 만큼 탄탄하지 못했기 때문이다.

　도초도의 경우 1931년에 도초공립보통학교가 개교하고, 1952년에 도초고등공민학교가 설립되었다.[74] 바로 도초고등공민학교의 설립주체가 섬주민이었다. 이 학교의 재정기반이 섬 공동체에서 기부한 '학교염전'이었다.[75] 학교염전은 외남리·수다리·수항리·발매리 등지에 분포했다. 이 가운데 수항리에 도초고등공민학교가 입지했다. 도초고등공민학교 학생들의 학령은 7세-22세로, 평균 13-15세였다. 입학 전 학생들의 출신학교는 지남리의 도초서부국민학교(14명), 한발리 도초동도국민학교(13명), 수항리 도초중앙국민학교(8명), 도초면 부속도서인 우이도국민학교(2명) 순이었다. 또 흥미로운 것은 학생들의 거주지가 곧 16세기 선주민들이 선호했던 정주 공간과 일치한다는 점이다. 또 학부모들의 직업은 농업 종사가가 37명으로 가장 많고, 이외에 노동과 상업 등이 확인된다.

1953년 도초고등공민학교 기성회가 조직되어 사단법인으로 등록했다. 동시에 1953년 10월 10일 「천일염 제조 허가 신청서」를 전매청에 접수했다. 1955년에 교실 3칸이 신축되었으며, 1957년 4월에 도초고등공민학교로 정식인가를 받았다. 그리고 1959년 5월 2일 「기부 승낙서」를 작성하여 재단법인 도초중학교에 이관했다. 1964년에 도초고등공민학교가 도초중학교로 개명했다. 도초중학교가 새롭게 출범하자, 섬주민들은 학교 운영에 필요한 책상과 풍금, 시계와 방송시설, 국기게양대 등을 기증하여 교육시설을 갖추었다. 이렇듯 섬사람들이 공공울력으로 조성한 간척지를 근대학교 건립기반으로 제공되었고, 21세기 섬에서 중등교육이 장기 지속할 수 있었던 원동력이 바로 '학교염전'이었다.

씻김굿과 다시래기, 그리고 초분

전라도 지역에서는 죽은 이의 영혼을 저승으로 인도하는 무속의례를 '씻김굿'이라 한다. 또 출상 전날 상가喪家 마당에서 행하는 익살스러운 놀이를 '다시래기'라 부른다. '다시래기'란 '다시 낳다'라는 뜻에서 '다시나기', '여러 사람이 모여서 함께 즐긴다'라는 의미에서 '다시락多侍樂', '망자의 영혼이 집에 머물다가 떠나는 시간을 기다리는 놀이'라는 뜻에서 '대시래기' 등으로 칭한다. 또 초분草墳은 시신을 1-3년 동안 축대나 평상 위에 놓고 이엉으로 덮어 놓은 무덤이다. 모두 섬에서 산 자들이 행하는 죽음의례다. 그런데 죽음의 현장이 애도와 슬픔보다는 놀이와 연극처럼 보인다. 왜 그럴까? 이 글에서는 '씻김굿'의 의례절차, 장례풍속 '다시래기', 이중장제二重葬制 '초분' 등 섬사람들의 장례문화에 대해 살펴보자.

씻김굿의 의례절차

씻김굿이란 전라도의 육지와 섬에서 '단골'(혹은 '당골', '무당')이 망자의 영혼을 좋은 곳으로 천도하는 굿이다. 씻김굿은 망자의 넋을 형상화한 종이 조형물로 시작된다. 종이로 만든 망자의 넋을 가족의 머리 위에 올려놓고 단골이 지전紙錢이라 부르는 무구를 사용해서 '넋 올리기'를 한다. 이것은 망자를 이승으로부터 분리하는 의례다. 씻김굿의 의례절차는 13석席으로 진행된다.

첫째, '안당굿'이다. 집안의 최고 신神인 성주에게 '굿을 한다'
는 사실을 알리는 마당이다. 안당굿은 육지의 경우 부엌에 있는
조왕竈王 앞에서 행하지만, 섬에서는 마루에 있는 성주동이 앞
에서 단골이 홀로 무가巫歌를 부르는 것으로 진행된다. 둘째, '초
가망석'이다. 이는 조상을 굿청에 초청하는 마당으로, 신神을 강
신하도록 하여 '즐겁게 놀다 돌아가기'를 기원한다. 셋째, '손굿'
이다. 일명 '손님굿'이라고도 하는데, 굿청에 잡귀를 초청하는
마당이다. 넷째, '제석굿'이다. 제석帝釋이란 재물과 복을 상징
한다. 단골이 제주祭主 부인에게 쌀을 수북이 담아주는데, 이것
은 노적露積을 받는 행위이다. '농자가 천하의 대본'이었던 시절
에 한 집안의 부富는 노적의 많고 적음으로 평가했다. 다섯째,
'선영굿'이다. 씻김굿은 망자 이외에 제주의 외가와 처가 등 직
계 조상신을 함께 초대하여 선영굿을 올린다. 여섯 번째, '액풀
이'다. 일명 '액맥이'라고도 한다. 액풀이는 양푼에 쌀을 담고 촛
불을 켜 놓는데, 촛불은 망자의 자식 수만큼 세워 놓는다. 단골
은 망자 자녀들의 이름과 생년월일을 부르면서 축원하고 액맥
이를 한다. 일곱 번째, '고풀이'다. 둥그렇게 매듭지은 고를 풀면
서 진행하는 굿이다. '고'는 막힘이기도 하고, 살아생전에 맺힌
'한恨'을 구현한 것이다. 질베를 아홉 매듭으로 묶어 '고(고충·고
민·고통·고뇌)'를 만든 다음 한쪽 끝을 차일 기둥에 묶고, 다른 한

쪽 끝을 단골이 잡고 하나하나 '고'를 풀어간다. '고'를 푸는 것은 이승에서의 한을 푸는 것이며, 깨끗하게 정화하여 저승으로 천도하는 행위다. 여덟 번째, '영돈말이씻김'이다. '영돈'이란 망자의 모습을 상징하는 무구다. '영돈만들기'는 돗자리를 깔고 그 위에 망자의 옷을 올려놓는다. 그다음 돗자리를 둘둘 말아 일곱 매듭으로 묶어서 세워 놓는다. 그 위에 넋을 담은 그릇을 엎고 뚜껑을 닫는다. 이것이 망자의 육신으로, '망인亡人'이라 부르기도 한다. 단골은 영돈 앞에서 신칼로 솥뚜껑을 두드리며 망자의 넋을 청배請陪(집안 조상의 혼령을 불러 모시는 일)한 다음 향물·쑥물·정화수를 빗자루에 묻혀 솥뚜껑부터 아래로 골고루 씻겨 내린다. 씻김이란 정화력을 가진 물과 불로 망자가 지니고 있던 이승의 잔재와 더러움을 씻어 내는 것이다. 아홉 번째, '넋 올림'이다. 망자의 넋을 제주의 머리 위에 올려놓고 넋이 단골의 지전을 따라 올라오는가를 실험한다. 넋이 올라오면 씻김이 잘된 것으로 간주한다. 열 번째, '천근'이다. '천근'이란 상여에 매어 놓은 노잣돈이다. '망자가 저승길을 떠날 때 여비하라'고 지참금을 넣어 주는 것이다. 열한 번째, '희설'이다(전라도에서는 '시설'이라 칭한다). 희설이란 망자가 가족들에게 화답하는 대목이다. 주로 단골이 망자를 대신하여 가족에게 이별을 고한다. 열두 번째, '길닦음'이다(전라도에서는 '질닦음'으로 발음한다). 앞서 고풀이 할 때 사용했던 질베를 망자의 가족 중 한 사람이 끝을 잡고 길게 늘어선다. 단골이 '영돈말이' 때 사용했던 밥그릇에 넋을 넣고 망자의 옷과 함께 질베 위를 좌우로 움직이면서 '길닦음'을 한다. 길닦음은 망자의 영혼을 깨끗하게 씻겨 '저승길을 닦아 간다'는 의미다. 씻김굿이 끝나면 대문으로 나가 망자를 배웅한다. 대문간에 불을 피우고 망자의 옷을 태운 다음 그 앞에 사자상을 차려 놓는다.

이로써 씻김굿의 모든 의례절차가 마무리된다. 씻김굿은 이승에 남은 사람과 저승으로 가는 사람 사이에 나누는 마지막 대화라 여겨진다.

장례풍속 '다시래기'

다시래기는 초상 때 행하는 연희다. 본래 우리나라 전역에서 행했던 '빈 상여놀이'의 한 갈래로 여겨진다. 이 놀이는 발인 전날 상여꾼들이 빈 상여를 메고 발맞춰 행진하는 놀이다. 그런데 진도의 다시래기는 연희자 한 사람을 상여 틀에 메고 놀이를 한다. 상주와 문상객 앞에서 연희를 벌인다. 등장인물은 가상주, 거사, 사당, 스님, 봉사, 봉사의 처 등이다. 놀이는 가상제놀이, 거사·사당놀이, 상여놀이, 가래놀이 등이다. 첫째, '가상제놀이'는 가상주가 등장하여 놀이의 취지를 설명한다. 둘째, 거사·사당놀이는 거사와 사당, 스님이 차례로 등장하여 자신의 특기를 자랑한다. 이 놀이는 봉사와 봉사의 처, 스님이 삼각관계로 설정되어 있고, 결말에 '봉사의 처가 아이를 낳는다'는 내용을 담고 있다. 아이러니하게도 죽음의 현장에서 아이가 출생하는 이야기로 전개되고 있어 상당히 대조적이다. 셋째, '가래놀이'다. 이 놀이는 가매장 의식을 연출한 것으로, 주로 전라도 진도에서는 북춤으로 여흥을 몰아간다.

이처럼 섬사람들은 초상집에서 춤추고 노래하며 놀이를 전개한다. 반면 필자의 본가는 전북 정읍인데, 섬마을 분위기와 사뭇 다르다. 어린 시절에 경험했던 장례문화는 초상이 나면 망자의 옷을 지붕 위로 던져 '고복皐復' 한다. 고복이란 죽은 사람의 넋을 부르는 행위다. 대문에는 '근조謹弔'라 새겨진 등불이 밝혀지고, 엄숙한 분위기 속에서 이웃과 친척들의 조문이 이어진다. 망자의 자손들은 의례에 맞춰 상복을 갖춰 입고 쉼 없이 곡哭을 한다. 특히 여자의 경우 빈소에 나아가지 못하고 오직 두건을 머리에 두른 채 망자의 제사상을 차리고, 틈틈이 문상객을 마중한다. 물론 섬사람들도 마을에 상喪이 나면 하던 일을 멈추고 곧장 상가喪家로 달려가는 것까지는 육지와 동일하다. 다만 상가의 분위기가 밝다. 조문객의 목소리가 담장을 넘어가고, 간간이 들려오는 장송곡은 흥거운 리듬처럼 들린다. 언뜻 보면 초상집이 아니라 칠순을 맞이한 어느 노부부의 잔칫집 같다. 뭍사람들은 대문에 걸려 있는 근조謹弔 등을 미처 확인하지 못한 경우라면 장례를 치르는지 알 수 없을 것 같다. 아마도 섬사람들은 죽음의 현장에서 이웃들과 재담을 나누고, 상주와 조문객 앞에서 다시래기와 같은 연희를 통해 상가의 슬픔을 웃음으로 치유하려는 것처럼 보인다.

이중장제二重葬制, '초분'

장례는 인류의 역사와 함께 시작되었다. 선사시대의 지석묘와 고분 등이 그러하다. 그런데 묘역에 대해서는 그 내용이 다양하다. 『주역』「계사전繫辭傳」에 따르면, "옛날에 죽은 사람은 매장하지 않고 그냥 들에다 두거나 풀이나 나뭇가지로 덮었으며 봉분도 만들지 않았다"라고 기술되어 있다. 봉분 형태의 무덤이 만들어진 것은 춘추시대 말엽이다. 공자가 어머니 장례를 모실 때 봉분을 만들었다고 했다. 그런가 하면 전라도 영산강변에 전승되고 있는 옹관묘는 초창기 발견 당시 그 규모가 너무 작아서 아기 무덤으로 추정했다. 그런데 옹관에서 출토된 뼈가 성인의 것으로 밝혀지면서 이중장제의 풍속이 확인되었다.

섬마을에 전해 오는 초분 역시 옹관묘와 동일한 이중장제의 전형적인 사례라 여겨진다. 초분은 시신이 육탈할 때까지 기다린다. 뼈에서 살이 전부 떨어져 나갈 즈음 직계 자손들이 남아 있는 뼈를 수습하여 다시 장례를 준비한다. 초분을 파묘하고 남아

그림 55 **신안군 도초도 초분**, 송기태 제공

그림 56 **신안군 증도 초분**, 송기태 제공

있는 뼈만 골라 본묘에 이장한다. 이로써 죽은 자의 장례를 두 번 치른다.

그런데 서남해역 섬주민들의 초분에 대한 생각은 조금 달랐다. 왜 초분을 만드는가?라고 질문했을 때 섬사람들은 '바다로 고기잡이를 나간 자손들이 돌아올 때까지 시신을 땅에 묻지 않고 지상에 모셨다가 좋은 날을 받아 장례를 치렀다'라던가, 혹은 '본묘를 안치할 수 있는 땅을 급히 마련할 수 없을 때 통상 집에서 가까운 밭이나 숲에 초분을 만들었다'고 했다. 혹은 '생땅에 생장生葬은 안 된다'라는 의식 때문이라고 곁들였다. 아마도 이제 막 사망하여 시신이 된 몸을 선영에 묻을 수 없었던 것으로 해석된다.

섬사람들은 초분을 비교적 집에서 가까운 곳에 모셔 놓고 보살핀다. 초분은 망자의 몸이 대지에 묻히기 직전 상태로 변화하도록 자연 과정을 겪는 장치라 여겨진다. 시간이 흘러 본묘 터가 마련되고, 또 망자의 자손들의 경제생활에 따라 이장을 준비한다. 자손들은 망자에게 '이제 좋은 곳으로 모시려 하니 놀라지 마세요'라는 인사를 건넨다. 마치 살아생전 평상시 말을 건네듯이 자연스럽다. 그리고 머리부터 발끝까지 남아 있는 뼈를 수습하여 다시 신체 부위별로 맞춰 본묘에 안치한다. 망자의 상태를 뼈를 중심으로 체계화함으로써 저승에 좌정할 수 있는 적소에 안장한 것이다.

섬마을의 죽음의례와 연희는 모두 자연적 존재로서 몸과 사물, 장소성에 관한 것이다. 초분은 아직 대지에 받아들여질 수 없는 몸을 받아서 오랜 시간에 걸쳐 뼈만 남긴 상태의 몸으로 전환시킨다. 망자의 몸은 초분을 거치고, 대지에 안치되면서 문화적으로 규정된 장소를 갖게 된 것이다. 동시에 살아있는 사람들이 망자와의 안정적인 사회관계를 보장하는 적소이기도 하다. 이 모든 과정을 통해 망자의 넋은 이승에서 분리되어 사후 장소로 이동하게 된다. 이때 단골이 춤과 노래, 장소를 체계화한다.

씻김굿의 의례절차, 장례풍속 '다시래기', 이중장제 '초분' 등 섬사람들의 장례문화는 삶과 죽음이라는 두 개의 원리를 부여한다. 이 가운데 죽음의례는 애도와 함께 신체적·관념적 과정을 통해 죽음과 놀이, 죽음과 생산력, 초분과 본묘의 장소성 등을 통과하여 '산 자와 죽은 자 모두의 안정을 도모한다'는 공통점을 담고 있다. 죽음의 현장은 애도와 슬픔과 상실이라는 단일 내용뿐만 아니라 생산력의 의미를 합하여 복합적인 현장으로 만든다. 이를 위해 단골은 무구를 활용하여 춤과 노래를 배열하고, 사람들은 울음과 노래로 정형화된 반응을 한다. 이처럼 섬사람들의 장례문화는 '산 자와 죽은 자가 각각의 세계에서 안정적인 재통합을 이끄는 분리 의례'로 평가된다.

마을공동체의 호혜와 협동

'공동체'라는 단어를 보면 떠오르는 것은 무엇인가? 고교시절에 암기했던 향약의 4대 강목이 생각나는가? 2012년 서울시는 '사람 사는 마을, 사람 사는 재미'를 표방하면서 '마을공동체지원 조례'를 만들었다. 이후 서울시 한복판에 마을공동체 커뮤니티 공간이 곳곳에 들어섰다. 예컨대 '마을미디어', '마을북카페', '마을예술창작소', '마을기업' 등이 그것이다. 이러한 운동이 지방자치단체로 확산되어 시흥시 마을교육공동체, 세종시 마을공동체, 광주광역시 푸른마을공동체 등이 활동 중에 있다. 그런가 하면 '스마트폰이 낳은 신인류'라 부르는 대학생들이 일명 '밥솥 모임'을 결성하여 삭막한 도시생활에서 스스로 안식처를 만들었다고 한다. 어떻게 가능한 일인가? 전통과 현대에 장기 지속하고 있는 마을공동체의 호혜와 협동, 소위 '오래된 미래'라 부르는 마을공동체에 대해 함께 생각해 보자.

향약의 두 얼굴

향약은 '향촌규약鄕村規約'의 준말이다. 향촌이란 '리里·동洞·촌村'을 지칭한다. 예컨대 향교가 있는 마을은 '교동리', 동구 밖에 지명을 새긴 바위가 서 있어서 '입석리', 마을에 고란평야가 분포하여 '고란리' 등 마을의 범주를 설정한다.

이러한 마을을 단위로 같은 성씨가 모여 살면 '동성마을', '동족마을', '집성촌'이라 칭하고, 여러 성씨가 모여 살면 '이거잡성移居雜姓'으로 소위 민촌民村이라 부른다. 한 마을 사람들은 서로 도우며 함께 살자는 약속을 '향약'에 담았다. 향약은 일명 '향규鄕規', '향안鄕案', '향약계鄕約契', '동약洞約', '동계洞契' 등으로 부르는데, 본질적인 목적은 향촌사회에 유교적 예절과 풍속을 보급하여 도덕적 질서를 확립하고, 각종 재난을 당했을 때 상부상조하자는 약속이다. 이러한 약조를 4대 강목에 제시했다. 즉 좋은 일은 서로 권한다는 '덕업상권德業相勸', 과실은 서로 규제한다는 '과실상규過失相規', 예의에 맞는 풍속으로 서로 사귄다는 '예속상교禮俗相交', 어려운 일이 있을 때 서로 돕는다는 '환난상휼患難相恤' 등으로 집약된다. 이러한 향약이 마을 단위로 시행되었다.

그런데 문제는 향약 시행의 주체가 누구인가에 따라 그 규칙이 다양하게 적용된 점이다. 예컨대 16세기 양반사족이 신분

그림 57 신안군 암태도 단고리

마을 입구에 단고리라 새겨진 지명과 남성을 상징하는 입석이 서 있다. 섬마을은 고기잡이를 나갔다가 돌아오지 않는 어부들이 있다. 마을에는 여인들만 남았다. 음양의 조화를 위해 마을 입구에 남성을 상징하는 입석을 세웠다고 전해 온다

그림 58 전남 신안군 증도 방액석防厄石

전근대 마을에 천연두가 발생하여 어른과 아이가 죽었다. 살아남은 사람들은 마을을 불태우고 인접한 공간으로 집단 이주했다. 그리고 액운이 마을로 들어오지 못하도록 '방액석'을 세웠다고 한다

제를 근간으로 하여 마을공동체를 주도할 수도 있고, 17세기 전쟁으로 무너진 향촌질서를 복구하기 위해 상하민이 향약을 시행했다. 그런가 하면 18세기 중앙에서 파견된 수령을 중심으로 상하민이 의무적으로 가입하여 교화와 행정의 일원화를 추구했고, 19세기 마을 자치 행정을 목적으로 생활공동체를 조직한 촌계의 기본원리로 작동되었다. 이처럼 향약은 지배층이 하층민을 통제하는 수단으로 활용되기도 하고, 마을 구성원들이 상부상조를 목적으로 향약 원리를 운영했다. 향약의 두 얼굴이 엿보인다.

영암 구림촌의 대동계大洞契

영암 구림리는 군서면에 입지한다. 『호구총수』(1789)에 구림리에 편성된 자연촌은 "쌍취정, 동계리, 북송정, 동송정, 고산리, 취정, 동정자, 남정자, 남송정, 죽정, 구림, 국사암, 상서호정, 하서호정, 학암" 등이 확인된다. 이 가운데 구림대동계에 가입한 마을이 "쌍취정, 학암, 알뫼, 동계, 고산, 동정자, 북송정, 국사암, 남송정, 신흥동, 양지촌, 음지촌" 등 12 동네다. 18세기 국가 주도로 작성된 리·동·촌의 구성과 대동계에 가입한 자연촌의 범주가 대동소이하다.

구림리의 지명유래는 『신증동국여지승람』(1530)에서 확인된다. 이에 따르면, "신라 말 겨울에 낭주최씨 처녀가 시냇가에 나갔다가 싱싱한 오이가 떠내려오는 것을 건져 먹었다. 이듬해 가을 처녀가 아들을 낳았다. 오이를 먹고 임신한 것을 괴이하게 여긴 처녀의 부모가 갓난아이를 마을의 후미진 곳에 버렸다. 며칠이 지나 아이 울음소리를 들은 처녀가 찾아가 보니 비둘기 떼에 둘러싸여 있는 건강한 아이를 발견했다. 처녀 부모가 비둘기 이야기를 듣고 범상치 않은 일이라 여겨 아이를 데려다 키웠다. 이 아이가 풍수의 대가 선각국사 도선이다"[76]라는 땅에 얽힌 설화가 전국지리지에서 확인된다. 이 기록에서 보건대 16세기 영

그림 59 국사암, 영암군 제공

도선국사의 출생 설화가 전해 온다. 바위에 성혈性血이 많다. 구전에 의하면 아이를 낳지 못한 여인들이 아이 잉태를 소망하면서 성혈을 만들었다고 한다

암 구림리는 "도선의 구림"이라 불러도 손색이 없을 것 같다.

영암 구림리의 대표 성씨는 난포박씨로 확인된다. 또 난포 박씨와 혼인한 함양박씨가 1480년경에 구림촌으로 입향했고, 1530년경 선산임씨가 이주해 왔다. 또 선산임씨의 외손으로 1560년경 창녕조씨와 해주최씨가 입향했다.[77] 이들은 마을 중 앙으로 흐르는 구림천 주변에 성씨별로 정자와 사우를 건립하 여 정착했다. 예컨대 함양박씨는 간죽정과 죽정서원, 창녕조씨 는 서호사 등을 중심으로 집성촌을 형성했다. 구림 대동계의 연

원은 난포박씨로부터 시작된다. 난포박씨의 내외손들이 '동족계同族契' 성향의 리사里社를 운영했기 때문이다. 이들은 혈연血緣과 지연地緣을 바탕으로 결속하고, 마을의 현안은 회의를 통해 결정했다.

구림대동계는 1565년(명종 20)에 함양박씨 박규정과 선산임씨 임호 등에 의해 창설되었다. 초창기 계원은 함양박씨 40%, 선산임씨 17%, 창녕조씨 7% 등이 64%를 점유했다. 이들은 친족을 기반으로 하고, 여기에 양반신분은 덤이었다. 이러한 배경 아래 향촌 자치와 자율을 중시하는 대동계가 출범한 것이다.

선산임씨 임호가 구림대동계 서문에서 이르기를, "위로는 공경대부로부터 아래로는 하급관료에 이르기까지 모두 계를 조직하여 기쁨을 서로 축하하고, 근심은 서로 위로하고 있다. 그런데 우리 마을처럼 오래되고 사람도 많은데 유독 계를 조직하지 않아 경조慶弔를 하지 못함은 무슨 이유 때문인가? … 동장 박규정이 세대가 내려갈수록 인심이 예전과 같지 않음을 오래 전부터 걱정하여 계를 조직하자는 의견을 발의했다. 이에 나를 비롯하여 이굉필·박성정·유발·박대기·임완 등이 호응했다. 송나라의 여씨향약이 나라의 정치를 돕고 인심을 교화했으니, 이것이 하나의 본보기가 되었다. … 위로는 어진 임금이 있고, 아래로는 정승이 나라를 다스려 풍속을 순화하고 있는데, 어찌

그림 62 회사정會社亭, 영암군 제공

구림대동계 모임을 위해 마을 중앙에 건립한 정자이다.

민중이 사랑과 슬픔을 밖에서 구해야 하겠는가. 그래서 박규정이 계를 조직하게 된 것이다"[78]라고 서술하고 있다.

구림대동계는 '구림동계鳩林洞契', '서호동계西湖洞契', '서호동약西湖洞約' 등으로 부른다. 1743년(영조 19)에 중수된 동헌洞憲을 살펴보면, 모두 11개의 강령으로 구성되어 있다. 즉 ① 상장상부喪葬相賻 33개 조목, ② 혼인상부婚姻相扶 7개 조목, ③ 환난상구患難相救 1개 조목, ④ 강신수목講信修睦 3개 조목, ⑤ 동임윤정洞任輪定 4개 조목, ⑥ 유사상체有司相遞 26개 조목, ⑦ 후입행례後入行禮 3개 조목, ⑧ 과실상규過失相規 5개 조목, ⑨ 태만치벌怠慢致罰 6개 조목, ⑩ 유죄출동有罪黜洞 1개 조목, ⑪ 사산금벌四山禁伐 3개 조목, 그리고 잡규雜規 9개 조목이 부기되어 있다. 이 가운데 장례와 혼인을 중시했다.

구림대동계의 가입조건은 "20리 이내 거주하며, 가문이 좋고 품행이 단정하며 학식이 있고 동헌洞憲의 약조를 지킬 수 있는 경우에 한하며, 외부에 거주하는 자는 출계黜契 조치하고, 과오가 있는 경우 경중에 따라 일정기간 혹은 영구 출계한다"라고 규정하고 있다. 구림대동계가 12 동네 거주자에 한하여 가입을 허용한 것은 그만큼 위급할 때 상부상조하는 데 주된 목적이 있었다. 다만 구림대동계는 철저하게 신분제를 근간으로 하여 운영되었다. 구림 사람들은 마을 중앙에 흐르는 구림천을 경계로 하여 윗마을과 물아래를 구분했다. 윗마을은 대동계의 대표 성씨인 함양박씨·선산임씨·창녕조씨·해주최씨 등으로, 이들의 통혼은 해남의 해남윤씨, 장흥의 장흥위씨, 장성의 울산김씨와 행주기씨 등이었다. 반면 물아래 사람들과는 결코 혼례를 올리는 일은 없었다. 이것이 향약의 양면성을 단적으로 보여 주는 측면이라 하겠다. 구림대동계를 창설한 목적은 동일한 공간에서 거주하는 사람들끼리 상부상조하면서 함께 생활공동체를 유지하는 데 주된 목적이었다. 상하민이 협력하여 대동계를 결성했으나, 구성원 간의 신분제를 허무는 것은 결코 아니었다. 마을에서 정한 동헌에 위배될 때 '출동黜洞' 혹은 '출계黜契' 처분이 내려졌다. 출동이란 마을에서 더 이상 거주할 수 없는 벌칙이었고, 출계 또한 계원 명단에서 제명하는 조치였다. 농자가 천하의 대본이었던 시절에 마을에서 쫓겨난 사람이 어디에서 생존할 수 있었겠는가? '동헌洞憲'은 국법을 능가하는 위력이었다.

섬마을 공동체, 학계·언계·목계

섬, 마을회관에 오래된 문서가 전승되고 있다. 섬사람들은 중앙정부보다 먼저 섬살이를 기획했다. 섬마을 공동체 운영사례를 소개하면 다음과 같다.

첫째, 진도 송산리 학계學契 사례이다. 송산리 사람들은 질병·출산·사망·제사 등에 상부상조를 원칙으로 삼았다. 그러한 내용이 1761년에 작성한 「완의」에서 확인된다. 이에 따르면, "향鄕은 고을을 지칭하고, 사社는 이웃을 의미한다. 마을 사람이 병을 얻으면 병상을 지키는 것이 마땅하고, 출산과 사망, 제사는 정성껏 지키고 도와야 한다. 우리 마을은 인구가 적어서 공적 비용이 크게 부족하다. 그래서 승升과 두斗의 곡식을 해마다 조금씩 모아 그 이자를 운용하고 있다. 마을의 풍속이 옛날과 달라서 사람들의 습관이 문란하다. 같은 마을에 살고 있으면서 바로잡아 주지 않을 수 없으니 상하 구별하지 않고 연명으로 규약을 작성하니 영구히 준수할 일이다"라고 했다. 이런 까닭에 진도 송산리 사람들은 "동중洞中, 동회洞會, 동민洞民, 동론洞論"을 중시했다.

　이러한 송산리 주민들이 기획한 또 하나의 목적계가 학계學契이다. 1803년에 송산리 주민 20여 명이 계를 조직하여 토지를 마련했는데, 이것이 학계답이다. 마을 사람들이 학계를 조직한 목적은 서당을 운영하기 위함이었다. 그 결과 송산서당이 설립되었고, 훗날 송산서당에서 배출한 문하생들이 진도군 관내 면장에 임명된 사람이 17명이었다. 이렇듯 송산리 공동체는 주민의 안녕과 마을의 장기지속을 위해 스스로 규칙을 정하여 공동으로 대응하고 있었다.

　둘째, 금당도 차우리 목계木契이다. 차우리 리사무소에 마을 문서가 소장되어 있는데, 1870년부터 1986년까지 차우리 목계전의 세입과 세출 내역이 기록되어 있다. 목계 구성원들은 차우리의 자연촌과 부속도서 허우도·비견도 주민들이다. 이들은 차우리 동산洞山에서 목재와 땔감을 채취하여 판매한 대금으로 마을공동체 운영비로 지출했다. 예컨대 ① 동중에 부과된 미역세·포구세·해의세, ② 지방관과 예하 구성원들의 보수 및 접대비, ③ 면리의 호적 등 행정업무비, ④ 서당과 향교의 교육비, ⑤ 남사당과 가객 초청비, ⑥ 표류민 구휼비, ⑦ 우물·선창·수

그림 63 『송산리 동안洞案』

그림 64 『1923-1946년 송산리 문도 계안門徒契案』

문 등 보수비, ⑧ 산직과 벌목 등 임야 관리비 등 차우리의 행정 및 주민들의 세금 등이다. 섬마을 사람들에게 부과된 각종 세금을 공동체에서 해결해 주고 있었다. 다만 주민들은 동산의 목재를 벌목하고 땔감을 판매하는 날에 참여하는 조건이었다. 마을 동산은 공동소유·공동노동·공동분배의 원칙에 따라 운영되었다.

셋째, 안좌도 읍동 언계堰契이다. 안좌도 읍동 사람들은 선창 앞에 제방을 축조했다. 이 제방이 전진언前津堰이다. 이 제방이 장기 지속할 때 읍동 사람들은 풍년을 기약할 수 있었다. 제방이 무너지면 섬주민 모두 경제기반을 잃게 되는 것이다. 이것을 미연에 방지하기 위해 제방 관리인 보주保主와 농경수 관리인 수구水口를 임명했다. 보주와 수구의 인건비는 공유자원인 동리답洞里畓과 언답堰畓의 소출로 마련했다. 이를 위해 토지 경작자인 작인作人은 언계 임원인 공원과 제방 관리인 보주의 명령에 절대 복종을 원칙으로 삼았다. 예컨대 제언에 작은 구멍을 보주가 발견하여 해당 작인에게 통고하면 작인은 2일 이내에 제방을 보수해야 한다. 만약 불참할 경우 벌칙금으로 대신했다. 보주 역시 제언의 누수를 발견하지 못하여 농작물의 피해를 입을 경우 손해를 보상하도록 규정했다. 오늘날 제방은 국가와 지방에서 관리해 주지만 전통시대 섬주민들은 공동체의 이름으로 스스로 문제를 발견하고, 마을회의를 통해 합리적으로 해결하면서 장기지속하고 있었다.

이처럼 섬마을 공동체는 맹목적으로 전통에만 의존하려는 것이 아니라 필요에 따라 행위를 선택하여 실천하고 있었다. 이런 측면에서 자치와 자율의 공동체를 '오래된 미래'라 불러본다.

섬, 색을 입다

섬이 색으로 물들고 있다. 마치 '섬'이라는 도화지에 공간과 사람, 문화를 스케치하고 색칠한 것 같다. 그 출발이 2014년 전라남도에서 기획한 '섬마을 가꾸기' 프로젝트였다. 이 과제는 '생태자원의 보전과 회복', '매력적인 섬 문화 관광자원화', '주민과 지방정부가 함께하는 섬 가꾸기' 등 3대 추진전략으로 '가고 싶은 섬' 비전을 수립했다. 그리고 이듬해 섬에 둘레길이 만들어지고, 폐교를 활용하여 공동 숙소가 마련되는 등 그 섬사람들이 변화의 물결에 승선했다. 그리고 2019년에 내륙 연안의 목포시와 신안군 압해도를 잇는 '1004대교'가 개통되면서 섬문화가 급변하고 있다. 이 글에서는 전근대 '기록 속의 섬'이 21세기 '관광의 섬'으로 변화하는 모습을 소개하려고 한다.

1004대교

목포에서 자동차를 타고 1004대교를 넘어서면 '압해도-암태도-자은도-팔금도-안좌도'를 지나 퍼플섬(반월도·박지도)에 당도한다. 연육·연도교 건설로 인해 이제 섬사람과 육지 사람들이 바다를 넘나든다

리사무소의 변신, '둔장마을미술관'

'리사무소', 용어가 낯설다. 조선시대 지방행정조직을 살펴보면 전국을 8도로 나누고, 8도의 책임자로 '관찰사'를 임명했다. 8도 아래에는 '부府·목牧·군郡·현縣'을 두었다. 부의 책임자는 '부윤', 목의 책임자는 목사, 군의 책임자는 군수, 현의 책임자는 현감이었다. 그리고 현縣 아래에 읍邑·면面을 두고, 그 하부에 리里·동洞·촌村을 편성했다.

일제강점기에 지방행정 편제가 단행되었다. 당시 읍면을 통

폐합하고 여러 개의 마을을 한데 묶어서 리里를 재편했다. 그
후 1988년에 읍면의 말단행정구역으로 리를 일원화했으며, 이
때 법정리와 행정리로 편성했다. 즉 하나의 법정리에 여러 개의
행정리를 편제한 것이다. 행정리는 마을을 단위로 하여 이장里
長을 선출하고, 이렇게 선임된 이장은 마을 행정 업무를 수행하
기 위해 '리사무소'를 설립했다.

　신안 자은도 둔장마을 리사무소는 1971년 새마을운동이 전

그림 66 **자은도 둔장마을**, 신안군 제공
푸른 바다에 할미섬과 두리섬이 떠 있고, 집집마다 지붕이 파란색으로 물들었다

개될 때 신축되었다. 당시 '초가집도 없애고 마을길도 넓히자'
라는 구호 아래 중앙정부는 섬주민들에게 시멘트를 나눠 주었
다. 둔장마을 사람들은 개인별로 받은 시멘트를 한곳에 모으고,
고교마을 바닷가에서 모래와 자갈을 짊어 왔다. 이것을 자재 삼
아 둔장 사람들이 '리사무소'를 건립한 것이다. 작은 힘과 지혜
가 모여 울타리를 만든 기쁨이었을 것 같다. 당시 마을 주민들
은 자축하는 기념으로 '리민의 날'을 제정했다고 한다.

2020년 12월, 리사무소가 역사 속으로 사라지고, 대신 '둔장
마을미술관'이 등장했다. 새로 만든 공간에서 초대 작가를 초청
하여 '둔장마을 사람들'이라는 개막전과 마을축제로 '리마인드
웨딩'을 기획했다고 한다. 그 주인공이 박 여인(72세)과 그녀의
남편이었다. 2021년 1월, 육지의 연구자가 '둔장마을미술관'에
들어서자, 그 순간을 기다렸다는 듯이 뒤따라 들어온 사람이 박
여인이었다. 필자가 새해 인사를 건네자, 입꼬리가 이미 올라
가 있던 박 여인이 '지난해에 너무 큰 복을 받아서 새해에는 욕
심부리지 않을래요'라는 의외의 답변이 돌아왔다. 그녀가 말하
는 '큰 행복'이란 마을 중앙에 미술관이 들어서면서 그녀의 삶에
일어난 파장을 의미하고 있었다. 그녀가 말하기를, "학교 다닐
때도 경험하지 못했던 그림을 그리고 작품을 전시하는 작업이
그렇게 행복지수를 올려놓을 것이라곤 전혀 예상하지 못했다"

그림 67 둔장마을미술관 개막전
"둔장마을사람들"

고 했다. 미소가 머물러 있는 그녀의 얼굴에서 넉넉함이 묻어
났다.

둔장마을미술관은 창립 이후 '둔장마을 사람들', '자은 3인
3색 전', '둔장의 얼굴 전' 그리고 홍성담 화백을 비롯하여 23명
의 작가들이 '둔장, 생명과 평화의 땅'이라는 주제로 해양쓰레기
관련 작품 63점이 전시되었다. 연이어 소위 '신인작가전'이라
하여 둔장마을 주민들의 '우리 마을 테마전'이 개최되었다. 섬
주민들이 직접 둔장마을의 공간을 화폭에 담은 것이다.

미술관에 전시된 작품 가운데 지난해 리마인드웨딩의 주인
공 박여인도 남편과 함께 작품을 출품했다. 그녀의 그림에는
"하늘에 떠 있는 구름, 특화상품 대파밭, 그 너머에 해풍을 가로
막고 서 있는 방풍림이 도열해있고, 바깥 바다에 할미섬과 두리
섬이 그려져 있었다. 박여인은 그 섬에서 태어나고, 그 섬에서

그림 68 '리마인드웨딩'의 주인공 박 여인의 작품

그림 69 둔장사람들의 "우리마을 기획전"

70년 평생을 살았다. 그렇게 무심하게 바라봤던 고향 풍경을 하얀 도화지에 옮겨 놓은 것이다. 그녀가 다소 격앙된 목소리로 말했다. "내 평생 언제 유화물감을 만져나 봤것오." '가고 싶은 섬 가꾸기'가 섬주민들의 삶에 작은 파장을 일으킨 것이다. 과연 편리함(연육교)이 좋은 것일까? 불편함(미개발)이 섬문화를 지켜줄 것인가?

'둔장마을미술관' 옆에는 파란색 지붕에 빨간색 출입문이 달린 무인 찻집이 있다. 그 옛날 마을 쓰레기 소각장이 카페로 변신했다. 이 카페는 섬사람들의 휴식 공간이자, 섬을 찾아온 사람들의 쉼터로 제공되고 있다.

박 여인은 서둘러 필자를 마을 뒤편 바닷가로 안내했다. 마을 길을 굽이돌아 방풍림 밖으로 벗어나니 바다 한가운데 2개의 작은 섬이 떠 있었다. 바로 박 여인의 작품에서 본 할미섬과 동구리섬이다. 이 두 섬은 '무한의 다리'로 연결되어 있었다. 또 모래사장에는 둔장마을 공동체에서 운영하는 체험학습장이 자리 잡고 있었다. 이 체험학습장은 여름철만 운영하는데, 이곳에서 섬을 찾아온 사람들을 위한 마을식당을 오픈할 계획이라고 한다. 해변에서 다시 마을로 접어들자, 박 여인은 열 지어 서 있는 애기동백을 바라보며 내년에는 동백나무숲길을 함께 걸

그림 70 둔장마을미술관
1970년대 리무소터에 '둔장 마을미술관'이 건립되었다. 그 옆에 쓰레기 소각장에는 파란색 지붕에 빨강색 출입문이 달린 '무인 찻집'이 들어섰다

어가자고 제안했다. 필자도 지역민과 함께하는 섬아카데미를 기획하여 촘촘히 대응하겠다고 응답했다. 지금, 지역민과 연구자가 함께 실천인문학을 논하기에 최적기라고 생각했기 때문이다.

컬러마케팅으로 육지 사람을 초대하다

섬이 마법 같은 꽃으로 물들었다. 신안군의 '컬러마케팅' 이야기이다. 1년 365일 천사의 섬에 꽃이 핀다. 1월에 흰 눈이 내리면 압해도 '천사섬 분재공원'에 붉은 애기동백꽃이 빼꼼이 얼굴을 내민다. 3월에는 봄처럼 화려한 수선화 노랑 물결이 선도에 피어나고, 4월에는 빛깔이 더 강한 튤립이 임자도에서 손짓한다. 5월 퍼플섬에 이름처럼 보랏빛 라벤더꽃이 환영의 인사를 건네고, 6월에는 여름의 전령사 수국이 도초도에 피는데, 그 뿌리를 감싸고 있는 흙의 성분에 따라 꽃의 빛깔이 각양각색이다. 7월 애기범부채의 주홍빛이 다시 압해도에 찾아오고, 8월 붉은 섬 홍도에 원추리가 색을 보탠다. 10월 아스타국화가 퍼플섬의 라벤다를 대신하여 아스타국화가 교체 맴버로 등장하여 가을을 알린다. 모두 섬주민들의 손에서 일궈 낸 마법이다.

이렇듯 한국 서남해 '1004섬'이 꽃으로 물들자, 입소문이 나면서 육지 사람들이 섬을 찾아왔다. 2021년 유엔세계관광기구 UNWTO에서는 신안군 퍼플섬을 '세계 최우수 관광마을'로 선정했다. 섬에서 마법의 빛깔이 4계절에 발신하는 데 육지 사람들도 화답해야 할 것 같다.

그림 71] 도초도 지남리 수국공원

신안 도초도에는 여름을 알리는 수국꽃이 만개한다. 2019년 축구장의 170배쯤 되는 부지에서 24만 본의 수국꽃이 피었다. 섬주민들이 폐교에 무려 6년간 정성을 들여 정원을 가꿨다. 섬이 화려한 꽃으로 물들자, 입소문이 나면서 수만 명의 육지 사람들이 섬을 찾아왔다

주석

1 김경옥, 『조선후기 도서연구』, 혜안, 2004, 47-67쪽.

2 『성종실록』 권134, 성종 12년 10월 3일 갑진.

3 『중종실록』 권88, 중종 33년 10월 13일 계축.

4 『판적사등록』, 경종 1년 1월 28일.

5 『숙종실록』 권11, 숙종 7년 1월 3일 정사.

6 이러한 정황은 1991년 필자가 섬 답사에서 발굴한 『청산진병자호적대장』에서 확인할 수 있다. 이 자료의 표제명은 『청산진병자호적대장』이고, 내표제는 『광서 2년 정월 일 청산진 병자식 호적대장』이라 기재되어 있다. 수록된 내용은 청산도를 비롯하여 인근 부속도서의 인구와 호구에 관한 정보가 자세하게 정리되어 있다. 관련 정보는 김경옥의 「19세기 후반 청산진병자호적과 섬주민들의 생활상」(『역사민속학』 47, 한국역사민속학회, 2015, 283-314쪽)을 참고하길 바란다.

7 청산도 구들장-논은 그 가치가 인정되어 2013년에 농림축산식품부 국가중요농업유산 1호로 지정되었고, 2014년에는 국제연합식량농업기구(FAO)의 세계중요농업유산(GIAHS)으로 등재되었다.

8 『성종실록』 권273, 성종 24년 1월 29일 을미.

9 『세종실록』 권121, 세종 30년 8월 27일 경진.

10 『성종실록』 권2, 성종 1년 1월 8일 정해.

11 『비변사등록』 63책, 숙종 37년 7월 12일.

12 『태종실록』 권13, 태종 7년 4월 7일 신묘.

13 『세종실록』 권121, 세종 30년 8월 27일 경진.

14 「전라도 영암군 궁속(宮屬) 진지전답(陳地田畓) 타량 후 진기(陳起) 구별 총수 성책」(奎18802), 1783, 서울대학교 규장각한국학연구원 소장.

15 『호남도서첩(湖南島嶼帖)』, 19세기 초 제작, 전주박물관 소장; 김정호 편, 『전남의 옛지도』, 향토문화진흥원, 1994, 102-123쪽.

16 『영조실록』권82, 영조 30년 7월 23일 경자.

17 『숙종실록』권34, 숙종 26년 10월 22일 신사.

18 김경옥, 「조선후기 청산도진의 설치와 재정구조」, 『전남사학』 22, 전남사학회, 2004, 214-221쪽.

19 『영조실록』권62, 영조 21년 11월 21일 무자; 『정조실록』권16, 정조 7년 10월 29일 정해; 『정조실록』권23, 정조 11년 1월 9일 무인.

20 『비변사등록』 141책, 영조 38년 4월 15일 임오; 『영조실록』권99, 영조 38년 4월 11일 갑술.

21 김경옥, 「19세기 후반-20세기 전반 금당도 차우리 목계의 조직과 기능」, 『고문서연구』 27, 한국고문서학회, 2005, 117-121쪽.

22 『태종실록』권15, 태종 8년 2월 4일 계미.

23 『세종실록』권33, 세종 8년 8월 8일 기사.

24 『세종실록』권110, 세종 27년 10월 9일 경술.

25 『세종실록』권151, 「지리지」, 전라도 나주목 해진군·장산현·압해도·흑산도.

26 『태종실록』권26, 태종 13년 10월 14일 경신.

27 『태종실록』권17, 태종 9년 2월 3일 정축.

28 『태종실록』권27, 태종 14년 1월 6일 신사.

29 『태종실록』권27, 태종 14년 2월 26일 경오.

30 『세종실록』권61, 세종 15년 윤8월 14일 갑자; 『세종실록』권78, 세종 19년 7월 3일 신묘.

31 『세종실록』권110, 세종 27년 10월 9일 경술.

32 『세종실록』권111, 세종 28년 1월 23일 신묘.

33 『중종실록』권88, 중종 33년 9월 30일 경자.

34 1971년 2월에 노력도 주민들은 대동계와 어촌계의 재정을 통합했다. 이로부터 노력도 마을 재정의 수입과 지출이 단일화되어 회의록에 기재되어 있다.

35 김경옥, 『조선후기 도서연구』, 혜안, 2004, 179-182쪽.

36 같은 책, 188-192쪽.

37 『호남진지(湖南鎭誌)』(奎12188), 「청산도진·어란진·가리포진」, 서울대학교 규장각한국학연구원 소장.

38 『정조실록』권16, 정조 7년 10월 29일 정해.

39 『호남진지(湖南鎭誌)』(奎12188), 서울대학교 규장각한국학연구원 소장.

40 김경옥, 「19세기 후반 "청산진병자호적"과 섬주민들의 생활상」, 『역사민속학』 47, 한국역사민속학회, 2015, 290-297쪽.

41 김경옥, 「19세기 말엽 청산도진의 재편과 해양방어체제의 변화」, 『지방사와 지방문화』 20(2), 역사문화학회, 2017, 12-13쪽.

42 김경옥, 「조선후기 청산도진의 설치와 재정구조」, 『전남사학』 22, 전남사학회, 2004, 219쪽.

43 문경호, 「"조행일록"을 통해 본 조선 후기 성당창의 조운로와 조운선 호송 실태」, 『도서문화』 49, 국립목포대학교 도서문화연구원, 2017, 24-25쪽.

44 『호남진지』 「어란진지」 「청산도진·어란진·가리포진」; 김경옥, 앞의 논문, 2004, 194쪽.

45 『康津縣所在延齡宮屬靑山島民役仍存革袪條件節目』, 1797; 김경옥, 앞의 논문, 2004, 200쪽.

46 『세조실록』 권25, 세조 7년 8월 6일 계유.

47 『성종실록』 권72, 성종 7년 10월 9일 기묘.

48 『태조실록』 권9 태조 5년 6월 15일 신축; 『태종실록』 권11 태종 6년 2월 13일 갑술.

49 『중종실록』 권88, 중종 33년 9월 30일 경자.

50 『세종실록』 권77, 세종 19년 5월 1일 경인.

51 『세종실록』 권177, 세종 29년 9월 23일 임자.

52 『세종실록』 권77, 세종 19년 5월 1일 경인.

53 제보자: 김해김씨 할머니(전남 신안군 비금도 내촌 거주), 이 제보자는 암태도에서 태어나 비금도 강릉유씨에게 시집왔다. 암태도 김해김씨는 지주로, 다도해역 혼인 성씨 중 1순위로 꼽힌다.

54 김경옥, 「20세기 비금도 가산리의 공간변화와 간척지의 이용실태」, 『역사와 경계』 102, 부산경남사학회, 2017, 115쪽.

55 김경옥, 『조선후기 도서연구』, 혜안, 2004, 47-98쪽.

56 도서 이주민의 증가로 인한 섬마을이 面里制에 적용된 사례는 김경옥의 『조선후기 도서연구』, 혜안, 2004, 98-105쪽을 참고하길 바란다.

57 『태종실록』 권15, 태종 8년 2월 3일 임오.

58 『성종실록』 권282, 성종 24년 9월 14일 을사.

59 『金海金氏世譜』(己未譜),「金海金氏世葬山碑」; 김경옥,「19-20세기 암태도 주민들의 제언축조와 경제생활: 익금리 광두언 사례를 중심으로」,『역사민속학』45, 한국역사민속학회, 2014, 397-398쪽.

60 이 자료는 2013년도 한국연구재단과 신안군의 연구지원을 받아 목포대학교 도서문화연구원 고광민 연구자에 의해 수집되었다.

61 제보자: 문○수(신안군 암태면 추포도 추엽마을 이장).

62 암태도 지주는 추씨·문씨·김씨 등이다. 그러나 추씨와 문씨의 경우 일제강점기 때 소작인과의 갈등이 극심했다. 반면 김해김씨는 소작농들과 적대적이지 않았다. 아마도 암태도 김해김씨는 추씨·문씨의 재력에는 미치지 못하지만, 암태도 전역에 팽배해 있던 친족 집단의 위상이 반영된 결과라 여겨진다.

63 『선조실록』권15, 선조 14년 6월 21일 계축.

64 『순조실록』, 권12, 순조 9년 6월 26일 을묘.

65 『표해시말』1802년 1월 18일-29일.

66 『표해시말』1802년 4월 4일.

67 『표해시말』1803년 5월-1805년 1월.

68 김경옥,「조선시기 교동 사람들의 입도와 축통·제언을 통한 토지개간」,『도서문화』32, 목포대학교 도서문화연구소, 2008, 243쪽.

69 오횡묵,『지도군총쇄록』, 1895. 2. 11.

70 「頭流山三先生壇碑」(1927),「頭流四賢壇碑」(崔永祚 撰, 1948),「掌議朴鍾燮紀念碑」(1927),「參奉羅正煥明倫堂重建碑」(1928).

71 『세종실록』권88, 세종 22년 3월 23일 을축;「全羅道靈巖郡於義宮立案買得是在郡地昆一道牛嶼堰新築堰畓及筒槖刈取處打量成冊」(奎18406), 1677, 서울대학교 규장각한국학연구원 소장;『비변사등록』261책, 고종 17년 4월 25일.

72 김경옥, 앞의 논문, 2013, 25-26쪽.

73 제보자: 고○만, 전남 신안군 도초면 고란리 거주.

74 도초고등공민학교는 1952년 6월 10일에 개교했다. 1964년 2월 10일에 도초중학교로 명칭을 변경했으며, 1976년 12월 1일 자로 학교법인 도초중학교를 폐지하고, 1977년 1월 21일에 공립 도초중학교로 개편되었다. 그리고 21세기로 접어들면서 학령인구 감소로 인해 2017년 3월 1일 도초중학교는 인접한 비금중학교와 통합되어 폐교되었다(『鹽田開發鹽製造許可證』,「기부(증여)사유서」, 1977년 9월 2일, 학교법인도초중학교이사장 황양남).

75 도초고등공민학교의 재정기반은 본고 2장 2절을 참고하길 바란다. 도초고등공민학교는 도초도 주민들이 회사한 염전과 전답으로 세운 사립중등학교이다.

76 『신증동국여지승람』, 전라도 영암군 구림촌 설화, 1530.

77 정근식 외, 『구림연구』, 경인문화사, 2003.

78 「鳩林洞中修契序」(林濩 序).

참고문헌

『江陵劉氏世譜』(필사본).

『慶州崔氏忠毅公派大同譜』(辛未譜).

『高宗實錄』.

『光山盧氏家乘』(庚寅譜).

『光州光山盧氏大同譜』(癸未譜).

『光州盧氏世譜』(乙丑譜).

『金海金氏世譜』(己未譜).

『노력어업면허내역서』(필사본), 장흥군 회진면 노력도.

『備邊司謄錄』.

『成宗實錄』.

『肅宗實錄』.

『承政院日記』.

『英祖實錄』.

『全州李氏孝寧大君靖孝公派世譜』(癸亥譜).

『正祖實錄』.

『中宗實錄』.

『太祖實錄』.

『太宗實錄』.

『版籍司謄錄』.

『長興邑誌』, 1747.

『全羅道靈巖郡宮屬陳地田畓打量後陳起區別總受成册』(奎18802, 서울대학교 규

장각한국학연구원 소장), 1783.

『康津縣所在延齡宮屬青山島民役仍存革袪條件節目』(필사본), 1797.

『湖南島嶼帖』(전주박물관 소장), 19세기 초.

『방조제 대장』(필사본, 신안군 소장), 19-20세기.

『金理守傳』(김광은 편), 1813.

『雲谷船說』(이강회, 필사본), 1818.

『長興都護府邑誌』, 1868.

『青山鎭丙子戶籍大帳』(필사본), 1876.

『湖南鎭誌』, 1895.

『大同契案』, 1925-2009.

『익금광두언문기』(필사본, 신안군 소장), 1933-1962.

『長興郡鄕土誌』(장흥군향토지편찬위원회), 1975.

『明德(德島)鄕土誌』(명덕향토사편찬위원회), 1996.

『璿源錄廳 書寫郎廳 金理守 傳記』(국역 및 영인본, 신안문화원), 2003.

『鳩林大洞契誌』(국역 및 영인본, 영암군 구림대동계사복원추진위원회), 2004.

『會鎭面誌』(장흥문화원), 2007.

김경옥, 『조선후기 도서연구』, 혜안, 2004.

_____, 『섬과 바다의 사회사』, 민속원, 2012.

_____, 『수군진, 물고기 비늘처럼 설치하다』, 민속원, 2019.

김정호 엮음, 『전남의 옛지도』, 향토문화진흥원, 1994.

노수신, 『소재집』(1-6), 임정기 옮김, 한국문집번역총서, 한국고전번역원, 2013-2021; 『소재선생문집』, 한국고전번역원, DB 원문서비스.

이강회, 『유암총서』, 김정섭·김형만 옮김, 신안문화원, 2005.

정약전, 『표해시말』, 1801-1805.

박병술, 『역사 속의 진도와 진도사람들』, 학연문화사, 1999.

박성헌 외,『전라남도 섬 발전을 위한 정책과제 발굴연구』, 전라남도, 2021.

윤희면,『조선시대 서원과 양반』, 집문당, 2004.

이종호,『마르지 않은 효제의 샘물, 상주 소재 노수신종가』, 예문서원, 2011.

이해준,『조선시기 촌락사회사』, 민족문화사, 1996.

정근식 외,『구림연구』, 경인문화사, 2003.

진도문화원 엮음,『목장색등록』, 조선시대 진도목장 관련 자료집, 2017.

최성환,『조선후기 문순득의 표류와 세계인식』, 박사학위논문, 국립목포대학교, 2010;『문순득 표류 연구: 조선후기 문순득의 표류와 세계인식』, 민속원, 2012.

고태규,「조선시대 홍어장수 문순득의 해외 표류여행에 대한 연구」,『한국사진지리학회지』33⑵, 한국사진지리학회, 2023.

김경옥,「조선후기 영암 사족활동과 서원건립」,『호남문화연구』20, 전남대 호남문화연구소, 1991.

_____,「조선후기 금당도 이주민의 입도와 봉산운영」,『도서문화』17, 국립목포대학교 도서문화연구원, 2001.

_____,「조선후기 청산도진의 설치와 재정구조」,『전남사학』22, 전남사학회, 2004.

_____,「19세기 후반-20세기 전반 금당도 차우리 목계의 조직과 기능」,『고문서연구』27, 한국고문서학회, 2005.

_____,「18-19세기 서남해 도서·연안지역 송계의 조직과 기능」,『역사학연구』26, 호남사학회, 2006.

_____,「"지도군총쇄록"을 통해 본 19세기 서남해 도서지역의 위상변화」,『역사학연구』29, 호남사학회, 2007.

_____,「조선시기 喬桐 사람들의 入島와 築筒·堤堰을 통한 토지개간」,『도

서문화』 32, 국립목포대학교 도서문화연구소, 2008.

_____, 「20세기 전반 장흥 노력도 대동계의 조직과 운영」, 『역사민속학』 33, 한국역사민속학회, 2010.

_____, 「18세기 김이수의 격쟁을 통해 본 섬주민의 부세 대응」, 『고문서연구』 38, 한국고문서학회, 2011.

_____, 「15-19세기 유구인의 조선 표착과 송환실태」, 『지방사와 지방문화』 15(1), 역사문화학회, 2012a.

_____, 「18세기 장한철의 표해록을 통해 본 해외체험」, 『역사학연구』 48, 호남사학회, 2012b.

_____, 「18-19세기 진도 송산리의 동계·학계 운영」 『지방사와 지방문화』 16(1), 역사문화학회, 2013a.

_____, 「19-20세기 안좌도 "전진언수계기"를 통해 본 제언 축조와 운영 실태」, 『장서각』 30, 한국학중앙연구원, 2013b.

_____, 「19-20세기 암태도 주민들의 제언축조와 경제생활: 익금리 광두언 사례를 중심으로」, 『역사민속학』 45, 한국역사민속학회, 2014a.

_____, 「조선의 대청관계와 서해해역에 표류한 중국 사람들」, 『한일관계사연구』 49, 한일관계사학회, 2014b.

_____, 「조선후기 서남해역에 표류한 외국인들의 추이」, 『韓國硏究』 13, 浙江大學校 韓國硏究所, 2014c.

_____, 「19세기 후반 "청산진병자호적"과 섬주민들의 생활상」, 『역사민속학』 47, 한국역사민속학회, 2015.

_____, 「19-20세기 비금도 간척지의 조성과 이용실태」, 『한국학연구』 41, 인하대학교 한국학연구소, 2016.

_____, 「근세 동아시아 해역의 표류연구 동향과 과제」, 『명청사연구』 48, 명청사학회, 2017a.

_____, 「19세기 말엽 청산도진의 재편과 해양방어체제의 변화」, 『지방사와

지방문화』 20⑵, 역사문화학회, 2017b.

_____, 「19세기 전라도 진도목장의 운영 실태」, 『남도문화연구』 32, 순천대
학교 지리산권문화연구원 남도문화연구소, 2017.

_____, 「근현대 전라도 나주목 도초도의 공간변화와 '학교염전'의 설치」,
『한국학연구』 56, 인하대학교 한국학연구소, 2020.

_____, 「20세기 전반 간척으로 인한 섬마을 중등교육기관의 설립과 운영:
신안 도초고등공민학교 사례」, 『한국학연구』 72, 고려대학교 한국
학연구소, 2020.

_____, 「16세기 노수신의 진도 유배생활과 섬주민에게 끼친 영향」, 『도서
문화』 58, 국립목포대학교 도서문화연구원, 2021.

_____, 「19-20세기 섬마을 간척을 통해 본 공유와 분배」, 『한국사연구』
201, 한국사연구회, 2023.

나경수, 「진도씻김굿의 연구: 제의적 구조」, 『호남문화연구』 18, 전남대학교
호남문화연구소, 1988.

문경호, 「"조행일록"을 통해 본 조선 후기 성당창의 조운로와 조운선 호송
실태」, 『도서문화』 49, 국립목포대학교 도서문화연구원, 2017.

이광록, 「근현대 신안군 도초도의 간척과 그 영향」, 석사학위논문, 목포대
학교, 2016.

이해준, 「조선후기 영암지방 동계의 성립배경과 성격」, 『역사학연구』 2, 호
남사학회, 1988.

조경만, 「초분과 씻김굿, 인간존재와 자연과 사회의 개념화」, 『민족미학』
11⑴, 민족미학회, 2012.